O SACERDOTE MINISTRO DA MISERICÓRDIA DIVINA

CONGREGAÇÃO PARA O CLERO

O SACERDOTE MINISTRO DA MISERICÓRDIA DIVINA

SUBSÍDIO PARA CONFESSORES E DIRETORES ESPIRITUAIS

Direção-geral: *Bernadete Boff*
Editora responsável: *Vera Ivanise Bombonatto*

© Libreria Editrice Vaticana, 2011

1ª edição – 2011
2ª reimpressão – 2016

Nenhuma parte desta obra poderá ser reproduzida ou transmitida por qualquer forma e/ou quaisquer meios (eletrônico ou mecânico, incluindo fotocópia e gravação) ou arquivada em qualquer sistema ou banco de dados sem permissão escrita da Editora. Direitos reservados.

Paulinas

Rua Dona Inácia Uchoa, 62
04110-020 – São Paulo – SP (Brasil)
Tel.: (11) 2125-3500
http://www.paulinas.org.br – editora@paulinas.com.br
Telemarketing e SAC: 0800-7010081

© Pia Sociedade Filhas de São Paulo – São Paulo, 2011

APRESENTAÇÃO

"É necessário voltar ao confessionário, como lugar no qual celebrar o sacramento da reconciliação, mas também como lugar onde "habitar" com mais frequência, para que o fiel possa encontrar misericórdia, conselho e conforto, sentir-se amado e compreendido por Deus e experimentar a presença da Misericórdia Divina, ao lado da Presença real na Eucaristia."[1]

Com essas palavras o Santo Padre Bento XVI dirigiu-se aos confessores, durante o recente Ano Sacerdotal, indicando a importância e a consequente urgência apostólica de redescobrir o sacramento da reconciliação, como penitentes e como ministros.

Juntamente com a celebração diária da Eucaristia, a disponibilidade para o atendimento das confissões sacramentais, a acolhida dos penitentes e, quando solicitado, o acompanhamento espiritual são a real medida da caridade pastoral do sacerdote e, com ela, o testemunho da alegre e correta assunção da própria identidade, redefinida pelo sacramento da Ordem, reduzida a mera função.

O sacerdote é ministro, isto é, servo e também prudente administrador da Divina Misericórdia. A ele é confiada

---

[1] BENTO XVI, *Alocução aos participantes do XXI Curso sobre o Foro Interno organizado pela Penitenciaria Apostólica*, 11 de março de 2010.

a gravíssima responsabilidade de "perdoar ou reter os pecados" (cf. Jo 20,23). Através dele, os fiéis podem viver — especialmente no momento atual da vida da Igreja, pela força do Espírito Santo, que é Senhor que dá a vida — a jubilosa experiência do filho pródigo que mesmo tendo retornado à casa do pai por interesses vis e como escravo, foi acolhido e reconstituído na própria dignidade filial.

Onde existe um confessor disponível, cedo ou tarde aparece um penitente, e onde persevera, até mesmo de maneira obstinada, um confessor disponível, virão muitos penitentes!

A redescoberta do sacramento da reconciliação, como penitentes e como ministros, é a medida da autêntica fé no agir salvífico de Deus, que se manifesta mais eficazmente na potência da graça, do que nas estratégias humanas de organização de iniciativas, também pastorais, que às vezes descuidam do essencial.

Acolhendo com motivação intensa o apelo do Santo Padre e seguindo a sua intenção mais profunda, com o presente subsídio, fruto ulterior do Ano Sacerdotal, deseja-se oferecer um instrumento útil à formação permanente do Clero e uma ajuda à redescoberta do valor imprescindível da celebração do sacramento da reconciliação e da direção espiritual.

A nova evangelização e a renovação permanente da Igreja, *semper reformanda*, subtraem a sua dinâmica vital da real santificação de cada membro, que precede, postula e é condição de toda eficácia apostólica e da almejada reforma do clero.

Na generosa celebração do sacramento da Divina Misericórdia, cada sacerdote é chamado a fazer a constante experiência da unicidade e do caráter indispensável do ministério a ele confiado. Tal experiência contribuirá para evitar aquelas "flutuações identitárias" que, não poucas vezes, caracterizam a existência de alguns presbíteros. Favorecerá também aquele grato estupor que, como não poderia ser diverso, cumula o coração daqueles que, sem mérito próprio, foram chamados por Deus, na Igreja, a partir o Pão Eucarístico e a doar o perdão aos homens.

Encomendamos a difusão e os frutos do presente subsídio à Bem-Aventurada Virgem Maria, Refúgio dos pecadores e Mãe da Divina Graça.

Vaticano, 9 de março de 2011.

Quarta-feira de Cinzas

MAURO CARD. PIACENZA
Prefeito

CELSO MORGA IRUZUBIETA
Arcebispo tit. de Alba Marítima
Secretário

Introdução
RUMO À SANTIDADE

1. "Em todos os tempos e em todas as nações foi agradável a Deus aquele que O teme e obra justamente (cf. At 10,35). Contudo, aprouve a Deus salvar e santificar os homens, não individualmente, excluída qualquer ligação entre eles, mas constituindo-os em povo que o conhecesse na verdade e o servisse santamente."[2] No caminho verso a santidade a qual o Senhor nos chama (cf. Mt 5,48; Ef 1,4), Deus quis que nos ajudássemos mutuamente, fazendo-nos mediadores em Cristo, para aproximar os irmãos ao seu eterno amor. É nesse horizonte de caridade que se inserem a celebração do sacramento da penitência e a prática da direção espiritual, objetos do presente documento.

A este propósito, chama-nos a atenção algumas palavras de Bento XVI: "Neste nosso tempo, sem dúvida uma das prioridades pastorais é formar retamente a consciência dos crentes", e acrescenta o Papa: "Para a formação das consciências contribui também a 'direção espiritual'. Hoje mais que no passado há necessidade de 'mestres de espírito' sábios e santos: um importante serviço eclesial, para o qual sem dúvida é necessária uma vitalidade interior que deve ser implorada ao Espírito Santo como dom mediante uma

---

[2] CONC. ECUM. VAT. II, Const. dogm. *Lumen gentium*, 9.

oração intensa e prolongada e uma preparação específica cuidadosamente adquirida. Depois, cada sacerdote é chamado a administrar a misericórdia divina no sacramento da penitência, mediante o qual perdoa os pecados em nome de Cristo e ajuda o penitente a percorrer o caminho exigente da santidade com consciência reta e informada. Para poder realizar este indispensável ministério cada presbítero deve alimentar a própria vida espiritual e preocupar-se por fazer uma atualização teológica e pastoral permanente".[3] Nessa linha oferece-se o presente subsídio aos sacerdotes, na qualidade de ministros da misericórdia divina.

Um ano dedicado a recordar a figura do Santo Cura d'Ars, no 150º aniversário da sua morte (1859-2009), deixou uma marca indelével sobretudo na vida e no ministério dos sacerdotes: um "empenho de renovação interior de todos os sacerdotes para um seu testemunho evangélico mais vigoroso e incisivo no mundo de hoje".[4]

Esta renovação interior dos sacerdotes deve abarcar toda a sua vida e todo o seu ministério, modelando profundamente os seus critérios, as suas motivações e as suas abordagens concretas. A situação atual exige testemunho e pede que a identidade sacerdotal seja vivida na alegria e na esperança.

---

[3] BENTO XVI, *Alocução aos participantes do XX Curso para o Foro Interno, organizado pela Penitenciaria Apostólica*, 12 de março de 2009.

[4] BENTO XVI, *Carta para a proclamação de um Ano Sacerdotal por ocasião do 150º Aniversario do "Dies natalis" de São João Maria Vianney*, 16 de junho de 2009.

2. O ministério do sacramento da reconciliação, estreitamente ligado ao aconselhamento ou à direção espiritual, tende a recuperar, tanto no ministro como nos fiéis, o "itinerário" espiritual e apostólico, como um retorno pascal ao coração do Pai e à fidelidade ao seu projeto de amor para com "o homem todo e todos os homens".[5] Trata-se de iniciar novamente, dentro de si mesmo e no serviço aos outros, o caminho de relação interpessoal com Deus e com os irmãos, como um caminho de contemplação, perfeição, comunhão e missão.

Incentivar a prática do sacramento da penitência em toda a sua vitalidade, como também o serviço do aconselhamento ou direção espiritual, significa viver mais autenticamente a "alegria na esperança" (Rm 12,12) e, assim, favorecer a estima e o respeito pela vida humana integral, recuperando a família, a orientação dos jovens, o renascimento das vocações, o valor da vivência do sacerdócio e da comunhão eclesial e universal.

3. O ministério da reconciliação em relação com a direção espiritual é uma urgência de amor: "o amor de Cristo nos constrange, considerando que, se um só morreu por todos, logo todos morreram. Sim, ele morreu por todos, a fim de que os que vivem já não vivam para si, mas para aquele que por eles morreu e ressurgiu" (2Cor 5,14-15). E isto pressupõe uma particular dedicação, visto que os seguidores

---

[5] PAULO VI, Carta enc. *Populorum progressio* (26 de março de 1967), 42: *AAS* 59 (1967), 278.

de Cristo verdadeiramente "não vivem mais para si mesmos" (2Cor 5,15), mas se realizam pela caridade na verdade.

Todo trabalho pastoral do apóstolo Paulo, com suas dificuldades comparadas às "dores de parto", se pode resumir na urgência de "formar Cristo" (Gl 4,19) em cada um dos fiéis. O seu objetivo era aquele de "tornar todo homem perfeito em Cristo" (Cl 1,28), sem restrições nem limites.

4. O ministério da reconciliação e o serviço do aconselhamento ou direção espiritual inserem-se no contexto da chamada universal à santidade como plenitude da vida cristã e "perfeição da caridade".[6] A caridade na verdade da identidade sacerdotal deve levar o sacerdote a orientar todos os ofícios de seu ministério rumo à perspectiva da santidade, que é a harmonização da pastoral profética, litúrgica e diaconal.[7] A disponibilidade para orientar todos os batizados rumo à perfeição da caridade é parte integrante do ministério sacerdotal.

5. O sacerdote, enquanto servidor do mistério pascal que anuncia, celebra e comunica, é chamado a ser confessor e guia espiritual, como instrumento de Cristo, partindo também da própria experiência. Ele é ministro do sacramento da reconciliação e servidor da direção espiritual assim como é, ao mesmo tempo, beneficiado por esses dois instrumentos de santificação pela sua própria renovação espiritual e apostólica.

---

[6] CONC. ECUM. VAT. II, Const. dogm. *Lumen gentium*, 40.
[7] Cf. JOÃO PAULO II, Carta ap. *Novo millenio ineunte* (6 de janeiro de 2001), 30: *AAS* 93 (2001), 287.

6. O presente subsídio pretende oferecer alguns exemplos simples, factíveis e geradores de esperança, fazendo referência a numerosos documentos eclesiais (citados nos vários pontos) para uma eventual consulta. Não se trata propriamente de uma casuística, mas de um serviço atualizado de esperança e encorajamento.

I

O MINISTÉRIO DA PENITÊNCIA E DA RECONCILIAÇÃO NA PERSPECTIVA DA SANTIDADE CRISTÃ

1. Importância atual, momento de graça

Um convite urgente

7. No início do terceiro milênio, João Paulo II afirmara: "Solicito ainda uma renovada coragem pastoral para, na pedagogia cotidiana das comunidades cristãs, se propor de forma persuasiva e eficaz a prática do *sacramento da reconciliação*".[8] O próprio Papa sucessivamente afirmou que era seu intento "um solícito relançamento do sacramento da reconciliação, inclusive como exigência de autêntica caridade e de verdadeira justiça pastoral" recordando que "cada fiel, com as devidas disposições interiores, tem o direito de receber pessoalmente o dom sacramental".[9]

---

[8] JOÃO PAULO II, Carta ap. *Novo millenio ineunte*, 37: *o.c.*, 292.
[9] JOÃO PAULO II, Motu Proprio *Misericordia Dei*, sobre alguns aspectos da celebração do sacramento da penitência (7 de abril de 2002): *AAS* 94 (2002), 453.

8. A Igreja não anuncia apenas a conversão e o perdão, mas é ao mesmo tempo sinal portador de reconciliação com Deus e com os irmãos. A celebração do sacramento da reconciliação insere-se no contexto de toda a vida eclesial, estando sobretudo em relação com o mistério pascal celebrado na Eucaristia, fazendo referência à vivência do batismo e da confirmação e às exigências do mandamento do amor. É uma celebração alegre do amor de Deus, que se dá a si mesmo, destruindo o nosso pecado quando o reconhecemos humildemente.

A missão de Cristo operante na Igreja

9. A missão eclesial é um processo harmônico de anúncio, celebração e comunicação do perdão, em particular quando se celebra o sacramento da reconciliação, que é fruto da Páscoa do Senhor ressuscitado, presente na Igreja: "soprou sobre eles dizendo: Recebei o Espírito Santo. Àqueles a quem perdoardes os pecados, ser-lhes-ão perdoados; àqueles a quem os retiverdes, ser-lhes-ão retidos" (Jo 20,22-23).

A alegria do perdão torna-se uma atitude de gratidão e generosidade no caminho da santificação e da missão. Quem experimentou o perdão deseja que os outros possam chegar a este encontro com Cristo Bom Pastor. Por isso, os ministros deste sacramento experimentam eles mesmos este encontro sacramental, tornando-se mais disponíveis a oferecer este serviço humilde, árduo, paciente e alegre.

10. A prática concreta, alegre, confiada e dedicada do sacramento da reconciliação manifesta em que nível um

fiel e uma comunidade foram evangelizados. "A prática da Confissão sacramental, no contexto da comunhão dos santos que concorre de diversas maneiras para aproximar os homens de Cristo, é um ato de fé no mistério da Redenção e da sua atualização na Igreja".[10]

No sacramento da penitência, fruto do sangue redentor do Senhor, experimentamos que Cristo "foi entregue por nossos pecados e ressuscitado para a nossa justificação" (Rm 4,25). Por isto, São Paulo podia afirmar que "Cristo reconciliava consigo o mundo, não levando mais em conta os pecados dos homens, e pôs em nossos lábios a mensagem da reconciliação" (2Cor 5,18).

11. A reconciliação com Deus é inseparável da reconciliação com os irmãos (cf. Mt 5,24-25). Esta reconciliação não é possível sem purificar de algum modo o próprio coração. Mas qualquer reconciliação provém de Deus, porque é ele quem "perdoa toda a culpa" (Sl 103,3). Quando recebe o perdão de Deus, o coração humano aprende melhor a perdoar e a reconciliar-se com os irmãos.

Abrir-se ao amor e à reconciliação

12. Cristo urge a um amor sempre mais fiel e, assim, para uma mudança mais profunda (cf. Ap 2,16), a fim de que a vida cristã tenha os mesmos sentimentos que estiveram em Cristo Jesus (cf. Fl 2,5). A celebração, também quando comunitária, do sacramento da penitência, com a confissão

---

[10] JOÃO PAULO II, Bula *Aperite Portas Redemptori* (6 de janeiro de 1983), 6: *AAS* 75 (1983), 96.

pessoal dos pecados, é uma grande ajuda para viver a realidade eclesial da comunhão dos santos.

13. Tende-se à "reconciliação" plena segundo o "Pai nosso", as bem-aventuranças e o mandamento do amor. É um caminho de purificação dos pecados e também um itinerário para a identificação com Cristo.

Este caminho penitencial é de extrema importância, hoje e sempre, como fundamento para construir uma sociedade que viva a comunhão. "Na sua sabedoria, a Igreja sempre propôs que se tivesse em conta o pecado original mesmo na interpretação dos fenômenos sociais e na construção da sociedade. Ignorar que o homem tem uma natureza ferida, inclinada para o mal, dá lugar a graves erros no domínio da educação, da política, da ação social e dos costumes."[11]

O testemunho e a dedicação dos pastores

14. Em todas as épocas da história eclesial encontram-se figuras sacerdotais que são modelo de confessores ou de diretores espirituais. A Exortação Apostólica *Reconciliatio et Pœnitentia* (1984) recorda São João Nepomuceno, São João Maria Vianney, São José Cafasso e São Leopoldo de Castelnuovo. Bento XVI, no discurso à Penitenciaria Apostólica,[12] acrescentou São Pio de Pietrelcina.

---

[11] BENTO XVI, Carta enc. *Caritas in veritate*, 34; a Encíclica cita o *Catecismo da Igreja Católica*, 407.
[12] BENTO XVI, *Discurso aos Penitenciários das quatro Basílicas Pontifícias Romanas e aos Prelados e Oficiais da Penitenciaria Apostólica* (19 de fevereiro de 2007): *AAS* 99 (2007), 252.

Ao recordar estas figuras sacerdotais, João Paulo II comentava: "desejo igualmente prestar homenagem à inumerável plêiade de confessores santos e quase sempre anônimos, aos quais se ficou devendo a salvação de tantas almas, por eles ajudadas na conversão, na luta contra o pecado e as tentações, no progresso espiritual e, em definitivo, na santificação. Não hesito em afirmar que os grandes Santos canonizados saíram geralmente desses confessionários e, com os Santos, o patrimônio espiritual da Igreja e o próprio florescimento de uma civilização impregnada de espírito cristão! Honra seja, portanto, a este silencioso exército de irmãos nossos, que bem serviram e servem cada dia a causa da reconciliação, mediante o ministério da penitência sacramental".[13]

15. Atualmente, em muitas Igrejas Particulares, sobretudo nas basílicas menores, nas catedrais, nos santuários e em algumas paróquias mais centrais das grandes cidades, observa-se uma resposta muito positiva por parte dos fiéis ao esforço, realizado por parte dos pastores, de oferecer um serviço assíduo do sacramento do perdão. Se "pelo sacramento da penitência, reconciliam os pecadores com Deus e com a Igreja",[14] esta mesma celebração penitencial pode dar espaço para o serviço da direção ou aconselhamento espiritual, para guiar os fiéis cristãos no caminho vocacional, contemplativo, de perfeição e de missão.

---

[13] JOÃO PAULO II, Exort. ap. pós-sinodal *Reconciliatio et pænitentia* (2 de dezembro de 1984), 29: *AAS* 77 (1985) 255-256.
[14] CONC. ECUM. VAT. II, Decr. *Presbyterorum Ordinis*, 5.

16. Os *munera* sacerdotais estão estreitamente ligados entre si, para o benefício da vida espiritual dos fiéis: "Os presbíteros são, na Igreja e para a Igreja, uma representação sacramental de Jesus Cristo Cabeça e Pastor, proclamam a sua palavra com autoridade, repetem os seus gestos de perdão e oferta de salvação, nomeadamente com o batismo, a penitência e a Eucaristia, exercitam a sua amável solicitude, até ao dom total de si mesmos, pelo rebanho que reúnem na unidade e conduzem ao Pai por meio de Cristo no Espírito".[15]

17. Neste sentido, a Exortação Apostólica *Pastores dabo vobis* convida os ministros a fazerem uso desta prática como garantia de sua vida espiritual: "Gostaria de reservar uma palavra especial para o sacramento da penitência, do qual os sacerdotes são ministros, mas devem ser também beneficiários, tornando-se testemunhas da misericórdia de Deus pelos pecadores. Retomo quanto escrevi na Exortação *Reconciliatio et Pænitentia*: 'A vida espiritual e pastoral do sacerdote, como a dos seus irmãos leigos e religiosos, depende, na sua qualidade e no seu fervor, da prática pessoal assídua e conscienciosa do sacramento da penitência [...] Num sacerdote que deixasse de se confessar ou se confessasse mal, o seu *ser padre* e o *exercício do seu sacerdócio* bem cedo ressentir-se-iam, e disso se daria conta a própria comunidade da qual ele é pastor'".[16] Mas quando tenho a grata certeza de que Deus me perdoa sempre de novo,

---

[15] JOÃO PAULO II, Exot. ap. pós-sinodal *Pastores dabo vobis* (25 de março de 1992), 15: *AAS* 84 (1992), 680.

[16] *Ibid.*, 26: *o.c.* 699; cita a Exort. ap. pós-sinodal *Reconciliatio et pænitentia* n. 31.

como escrevia Bento XVI, "deixando-me perdoar, aprendo também a perdoar aos outros".[17]

18. A fecundidade apostólica provém da misericórdia de Deus, por isso, os planos pastorais seriam escassamente eficazes se a prática sacramental da penitência fosse subestimada: "deve ser atribuída a máxima atenção pastoral a este sacramento da Igreja, fonte de reconciliação, paz e alegria para todos nós que necessitamos da misericórdia do Senhor e da cura das feridas do pecado. [...] O Bispo não deixará de recordar, a todos aqueles que, em razão do ofício, é requerido o cuidado das almas, o dever de oferecer aos fiéis a oportunidade de se abeirarem da confissão individual. Encarregar-se-á de verificar também que sejam efetivamente dadas aos fiéis as maiores facilidades para poderem confessar-se. Considerado à luz da Tradição e do Magistério da Igreja o laço íntimo que existe entre o sacramento da reconciliação e a participação na Eucaristia, sente-se hoje uma necessidade cada vez maior de formar a consciência dos fiéis para participarem digna e frutuosamente no banquete eucarístico, abeirando-se em estado de graça".[18]

O exemplo do Santo Cura d'Ars

19. O exemplo do Santo Cura d'Ars é muito atual. A situação histórica daquele momento não era fácil, por causa das guerras, da perseguição, das ideias materialistas ou

---

[17] BENTO XVI, *Carta aos Seminaristas*, 18 de outubro de 2010, 3.
[18] JOÃO PAULO II, Exort. ap. pós-sinodal *Pastores Gregis* (16 de outubro de 2003), 39: *AAS* 96 (2004), 876-877.

secularistas. Em sua chegada à Paróquia, era bem escassa a frequência ao sacramento da penitência. Nos últimos anos de sua vida, a frequência chegava a ser maciça, inclusive por parte de fiéis vindos de outras dioceses. Para o Santo Cura, o ministério da reconciliação foi "um longo martírio" que "produziu frutos muito abundantes e vigorosos". Diante da condição de pecado, dizia "não se sabe o que se deve fazer: só se pode chorar e rezar". Mas ele "não vivia senão para os 'pobres pecadores' na esperança de vê-los converter-se e chorar".[19] A confissão frequente, inclusive quando não se tem pecado grave, é um meio recomendado constantemente pela Igreja com o objetivo de progredir na vida cristã.[20]

20. João Paulo II, na Carta aos Sacerdotes da Quinta--feira Santa de 1986, para comemorar o segundo centenário do nascimento do Santo Cura, reconhecia que "a dedicação incansável ao sacramento da penitência foi, sem dúvida alguma, o que manifestou o carisma principal do Cura d'Ars e o que o tornou justamente famoso. Será bom que este exemplo nos impulsione, nos dias de hoje, a dar novamente ao ministério da reconciliação toda a importância que lhe corresponde". O próprio fato que um grande número de pessoas "por diversas razões, parecem privar-se totalmente da confissão, isso é sinal de que se tornou urgente atuar toda uma pastoral do sacramento da reconciliação, levando os cristãos a redescobrirem incessantemente: as exigências de uma verdadeira relação com Deus; o sentido do pecado

---

[19] BEATO JOÃO XXIII, Carta enc. *Sacerdotii nostri primordia*, 29: *AAS* 51 (1959), 573-574.
[20] Cf. *Ibid*. 95, *o.c.*, 574-575.

em que se dá o fechamento ao mesmo Deus e aos outros; a necessidade de converter-se e de receber, mediante a Igreja, o perdão, como dom gratuito do Senhor; e, ainda, as condições que se requerem para celebrar bem o sacramento, superando os preconceitos, os falsos temores e a rotina em relação ao mesmo. A situação, como se apresenta, requer ao mesmo tempo que fiquemos muito disponíveis para este ministério do perdão, prontos a dedicar-lhe o tempo e atenção necessários e, diria mesmo, a dar-lhe a prioridade em relação a outras atividades. Os fiéis reconhecerão, desta maneira, a importância que nós lhe damos, como sucedia com o Cura d'Ars".[21]

Ministério de misericórdia

21. O ministério da reconciliação, exercitado com grande disponibilidade, contribuirá a aprofundar o significado do amor de Deus, recuperando o sentido do pecado e das imperfeições como obstáculos ao verdadeiro amor. Quando se perde o sentido do pecado, rompe-se o equilíbrio interior no coração e dá-se origem a contradições e conflitos na sociedade humana. Somente a paz de um coração unificado pode dissipar guerras e tensões. "Os desequilíbrios de que sofre o mundo atual estão ligados com aquele desequilíbrio fundamental que se radica no coração do homem. Porque no íntimo do próprio homem muitos elementos se combatem."[22]

---

[21] JOÃO PAULO II, *Carta aos sacerdotes por ocasião da Quinta-feira Santa de 1986*, 7: *AAS* 78 (1986), 695.

[22] CONC. ECUM. VAT. II, Cost. past. *Gaudium et spes*, 10.

22. Este serviço de reconciliação, exercido com autenticidade, será um convite a viver em sintonia com os sentimentos do Coração de Cristo. Isto é uma "prioridade" pastoral, enquanto é viver a caridade do Bom Pastor, viver o "seu amor para com o Pai no Espírito Santo, ao seu amor para com os homens até entregar em imolação a sua própria vida".[23] Para retornar ao Deus Amor é necessário o convite ao reconhecimento do próprio pecado, sabendo que "Deus é maior do que nossa consciência" (1Jo 3,20). Disto deriva a alegria pascal da conversão, que suscitou santos e missionários em todas as épocas.

23. Esta atualidade do sacramento da reconciliação aparece também na realidade da Igreja peregrina, que "simultaneamente santa e sempre necessitada de purificação, exercita continuamente a penitência e a renovação".[24] Por isto a Igreja olha para Maria, que "brilha como sinal de esperança segura e de consolação, para o Povo de Deus ainda peregrino, até que chegue o dia do Senhor".[25]

2. Linhas fundamentais

Natureza do sacramento da penitência

24. O sacramento do perdão é um sinal eficaz da presença, da palavra e da ação salvífica de Cristo Redentor. Através dele, o próprio Senhor prolonga as suas palavras de

---

[23] JOÃO PAULO II, Exort. ap. pós-sinodal *Pastores dabo vobis*, 49: *o.c.*, 745.
[24] CONC. ECUM. VAT. II, Const. dogm. *Lumen gentium*, 8.
[25] *Ibid.*, 68.

perdão nas palavras do seu ministro, enquanto, ao mesmo tempo, transforma e eleva a atitude do penitente que se reconhece pecador e pede perdão com o propósito de expiação e correção. Atualiza-se então a surpresa do filho pródigo no encontro com o Pai que perdoa e festeja o retorno do filho amado (cf. Lc 15,22).

Celebração pascal, caminho de conversão

25. A celebração do sacramento é essencialmente litúrgica, festiva, alegre, enquanto retorno, sob a guia do Espírito Santo, e reencontro com o Pai e com o Bom Pastor. Jesus quis descrever este perdão com as cores da festa e da alegria (Lc 15,5-7.9-10.22-32). Torna-se, então, mais compreensível e mais desejável a celebração frequente e periódica do sacramento da reconciliação. Cristo pode ser encontrado voluntariamente neste sacramento quando nos esforçamos por encontrá-lo habitualmente na Eucaristia, na Palavra viva, na comunidade, em cada irmão e também na pobreza do próprio coração.[26]

26. Este sacramento celebra a chamada à conversão como um retorno ao Pai (cf. Lc 15,18). Chama-se sacramento da "penitência porque consagra um esforço pessoal e eclesial de conversão, de arrependimento e de satisfação do cristão pecador".[27] Chama-se também sacramento da "confissão"

---

[26] "O sacramento da penitência, que tem uma grande importância na vida do cristão, torna atual a eficácia redentora do Mistério pascal de Cristo". BENTO XVI, *Discurso aos penitenciários das quatro basílicas papais romanas* (19 de fevereiro de 2007): *o.c.*, 250.

[27] *Catecismo da Igreja Católica*, 1423 b.

"porque a declaração, a confissão dos pecados diante do sacerdote é um elemento essencial desse sacramento. Num sentido profundo esse sacramento também é uma 'confissão', reconhecimento e louvor da santidade de Deus e de sua misericórdia para com o homem pecador".[28] E chama-se sacramento do "perdão", "porque, pela absolvição sacramental do sacerdote, Deus concede ao penitente o 'perdão e a paz'", e da "reconciliação", porque "dá ao pecador o amor de Deus que reconcilia".[29]

27. A celebração sacramental da "conversão" é ligada a um esforço para responder ao amor de Deus. Por isto, o apelo à conversão é "uma parte essencial do anúncio do Reino".[30] Assim, o cristão insere-se no "movimento do 'coração contrito' (Sl 51,19), atraído e movido pela graça (cf. Jo 6,44; 12,32) a responder ao amor misericordioso de Deus que nos amou primeiro (cf. 1Jo 4,10)".[31]

No caminho da santidade

28. Trata-se de um itinerário rumo à santidade exigida e possibilitada pelo batismo, pela Eucaristia, pela confirmação e pela Palavra de Deus.

É assim que age aquela realidade ministerial da graça que São Paulo descrevia com estas palavras: "desempenhamos o encargo de embaixadores em nome de Cristo, e é

---

[28] *Ibid.*, 1424.
[29] *Ibid.*; cf. 2Cor 5, 20; Mt 5, 24.
[30] *Ibid.*, 1427.
[31] *Ibid.*, 1428.

Deus mesmo que exorta por nosso intermédio. Em nome de Cristo vos rogamos: reconciliai-vos com Deus!" (2Cor 5,20). A chamada do Apóstolo tinha como motivação especial o fato de que Deus tratou a Cristo como "pecado por nós, para que nele nós nos tornássemos justiça de Deus" (2Cor 5,21). Deste modo, "libertados do pecado e feitos servos de Deus, tendes por fruto a santidade" (Rm 6,22).

29. É possível entrar nesta dinâmica da experiência do perdão misericordioso de Deus desde a infância e antes da primeira comunhão, também por parte das almas inocentes movidas por uma atitude de confiança e de alegria filial.[32] A propósito, é preciso preparar tais almas com uma catequese adequada sobre o sacramento da penitência, antes que recebam a primeira comunhão.

30. Quando se entra nesta dinâmica evangélica do perdão, é fácil compreender a importância de confessar os pecados leves e as imperfeições, como decisão de "progredir na vida do Espírito" e com o desejo de transformar a própria vida em expressão da misericórdia divina para com os demais.[33] Desta forma, entra-se em sintonia com os sentimentos de Cristo "que, sozinho, expiou nossos pecados (cf. Rm 3,25; 1Jo 2,1-2)".[34]

31. Quando o sacerdote é consciente desta realidade da graça, não pode senão encorajar os fiéis a aproximarem-se

---

[32] Cf. JOÃO PAULO II, *Discurso aos seminaristas iugoslavos*, 26 de abril de 1985.
[33] Cf. *Catecismo da Igreja Católica*, 1458.
[34] *Ibid.*, 1460.

do sacramento da penitência. Então, "o sacerdote cumpre o ministério de bom pastor, que busca a ovelha perdida; do bom samaritano, que cura as feridas; do Pai, que espera o filho pródigo e o acolhe ao voltar; do justo juiz, que não faz acepção de pessoas e cujo julgamento é justo e misericordioso ao mesmo tempo. Em suma, o sacerdote é o sinal e o instrumento do amor misericordioso de Deus para com o pecador".[35] "O Bom Pastor procura a ovelha perdida. Encontra-a, coloca-a sobre seu próprio ombro, que portaria o madeiro da cruz, e a reconduz ao caminho da eternidade."[36]

Um mistério de graça

32. O respeito pelo "sigilo sacramental" indica que a celebração penitencial é uma realidade da graça, cujo itinerário foi já "assinalado" pelo Coração de Jesus, em uma profunda amizade com ele. Assim, uma vez mais, o mistério e a dignidade do homem se manifestam à luz do mistério de Cristo.[37]

Os efeitos da graça do sacramento da penitência consistem na reconciliação com Deus (recuperando a paz e a amizade com ele), na reconciliação com a Igreja

---

[35] *Ibid.*, 1465.
[36] SÃO GREGÓRIO NAZIANZENO, *Sermão*, 45.
[37] Cf. CONC. ECUM. VAT. II, Const. past. *Gaudium et spes*, 22. O ministério da reconciliação "deve ser protegido na sua sacralidade, além de pelos motivos teológicos, jurídicos e psicológicos sobre os quais me detive nos precedentes discursos análogos, também pelo respeito amoroso devido ao seu caráter de relação íntima entre o fiel e Deus": JOÃO PAULO II, *Discurso à Penitenciaria Apostólica* (12 de março de 1994), 3: *AAS* 87 (1995), 76; cf. *Catecismo da Igreja Católica*, 1467.

(reintegrando-se na comunhão dos santos), na reconciliação consigo mesmo (unificando o próprio coração). Consequentemente, o penitente "reconcilia-se com os irmãos que de alguma maneira ofendeu e feriu; reconcilia-se com a Igreja; e reconcilia-se com toda a criação".[38]

33. A dignidade do penitente emerge na celebração sacramental, na qual ele manifesta sua autenticidade (conversão) e o seu arrependimento. Com efeito, "ele se insere, com seus atos, na celebração do sacramento, que depois se realiza com as palavras da absolvição, pronunciadas pelo ministro em nome de Cristo".[39] Por isto, pode-se dizer que "o fiel, enquanto faz em sua vida a experiência da misericórdia de Deus e a proclama, celebra com o sacerdote a liturgia da Igreja, que continuamente se converte e se renova".[40]

34. A celebração do sacramento atualiza uma história da graça que deriva do Senhor. "Na incessante praxe da Igreja ao longo da história, o 'ministério da reconciliação' (2Cor 5,18), atuada mediante os sacramentos do batismo e da penitência, revelou-se sempre um empenho pastoral vivamente prezado, realizado segundo o mandato de Jesus como parte essencial do ministério sacerdotal."[41]

35. É um caminho "sacramental", como sinal eficaz da graça, que faz parte da sacramentalidade da Igreja. É

---

[38] *Catecismo da Igreja Católica*, 1469; cf. JOÃO PAULO II, Exort. ap. pós--sinodal *Reconciliatio et pœnitentia*, 31: *o.c.*, 265.
[39] RITUALE ROMANUM — *Ordo pœnitentiae* (2 de dezembro de 1973), Praenotanda 11: editio typica (1974), pp. 15-16.
[40] *Ibid.*
[41] JOÃO PAULO II, Carta ap. Motu Proprio *Misericordia Dei*: *o.c.*, 452.

também o caminho traçado pelo "Pai nosso", no qual pedimos perdão enquanto oferecemos o nosso perdão. Desta experiência de reconciliação nasce no coração do fiel um anelo de paz para toda a humanidade: "A ânsia do cristão é que toda a família humana possa invocar a Deus como o 'Pai nosso'".[42]

3. Algumas orientações práticas

O ministério de suscitar as disposições do penitente

36. A atitude de reconciliação e penitência ou "conversão", desde os inícios da Igreja, exprime-se de modos muito diversos e em momentos diversos: na celebração eucarística, nos tempos litúrgicos particulares (como a Quaresma), no exame de consciência, na oração filial, na esmola, no sacrifício etc. Mas seu momento privilegiado é a celebração do sacramento da penitência ou reconciliação, quando temos, por parte do penitente, a contrição, a confissão e a satisfação e, por parte do ministro, a absolvição, com o convite para abrir-se a um crescimento no amor.

37. A confissão clara, simples e íntegra dos próprios pecados recupera a comunhão com Deus e com os irmãos, sobretudo na comunidade eclesial. A "conversão", como retorno aos projetos do Pai, implica o arrependimento sincero e, portanto, a acusação e a disposição de expiar ou reparar a própria conduta. Deste modo, a própria existência é orientada no caminho do amor a Deus e ao próximo.

---

[42] BENTO XVI, Carta enc. *Caritas in veritate*, 79.

38. O penitente, diante de Cristo ressuscitado presente no sacramento (e também no ministro), confessa o próprio pecado, exprime o próprio arrependimento e empenha-se em expiar seu pecado e em corrigir-se. A graça do sacramento da reconciliação é graça de perdão que chega às raízes do pecado cometido depois do batismo e cura as imperfeições e os desvios, dando ao fiel a força para "converter-se" ou abrir-se ainda mais à perfeição do amor.

39. Os gestos exteriores com os quais se pode exprimir esta atitude penitencial interior são muitos: a oração, a esmola, o sacrifício, a santificação dos tempos litúrgicos etc. Mas "a conversão e a penitência cotidiana encontram sua fonte e seu alimento na Eucaristia".[43] Na celebração do sacramento da penitência experimenta-se o caminho de retorno descrito por Jesus na parábola do filho pródigo: "Só o coração de Cristo que conhece as profundezas do amor do Pai pôde revelar-nos o abismo de sua misericórdia de uma maneira tão simples e tão bela".[44]

40. Esta graça de Deus, o qual teve a iniciativa de amar-nos, faz com que o penitente possa cumprir estes gestos. O exame de consciência se faz à luz do amor de Deus e de sua Palavra. Reconhecendo o próprio pecado, o pecador assume a sua responsabilidade e, movido pela graça, manifesta a própria dor e o próprio aborrecimento pelo pecado, sobretudo diante de Deus, que nos ama e julga com misericórdia as nossas ações. O reconhecimento e a

---

[43] *Catecismo da Igreja Católica*, 1436.
[44] *Ibid.*, 1439.

acusação integral dos pecados diante do sacerdote devem ser feitos com simplicidade e clareza, o que é possível graças a ação do Espírito de amor, que vai muito além da dor de contrição (por amor) ou de atrição (por temor da justiça divina).

Celebração litúrgica

41. A celebração do sacramento da reconciliação é uma ação litúrgica que, segundo o Ritual da Penitência, desenvolve-se a partir de uma saudação e benção, que são seguidas pela leitura ou recitação da Palavra de Deus,[45] o convite ao arrependimento, a confissão, os conselhos e exortações, a imposição e aceitação da penitência, a absolvição dos pecados, a ação de graças e a benção de despedida. O lugar visível e decoroso do confessionário, "munido de uma grade fixa entre o penitente e o confessor, de modo que os fiéis que o desejarem possam livremente servir-se dele"[46] é de grande ajuda para ambos.

42. A forma ordinária de celebrar a confissão, isto é, a confissão individual, é uma excelente oportunidade para convidar à santidade e, consequentemente, a uma eventual direção espiritual (com o mesmo confessor ou com outra pessoa). "Graças, ainda, à sua índole individual, a primeira forma de celebração permite associar o sacramento da penitência a algo de diferente, mas perfeitamente conciliável com ele: refiro-me à *direção espiritual*. Por conseguinte, é óbvio que a decisão e o empenho pessoais estão claramente

---

[45] BENTO XVI, Exort. ap. pós-sinodal *Verbum Domini*, 61.
[46] *CIC*, cân. 964, § 2.

significados e solicitados nessa primeira forma."[47] "Sempre que possível, seria bom que, em momentos particulares do ano ou quando houver oportunidade, a confissão individual da multidão de penitentes tenha lugar no âmbito de celebrações penitenciais, como previsto pelo ritual, no respeito das várias tradições litúrgicas, para poder dar amplo espaço à celebração da Palavra com o uso de leituras apropriadas."[48]

43. Mesmo se "em casos de necessidade grave, pode-se recorrer à celebração comunitária da reconciliação com confissão e absolvição gerais", segundo a norma do Direito, os fiéis devem ter, para a validade da absolvição, o propósito de confessar individualmente seus pecados graves no devido tempo".[49] Emitir o juízo acerca da existência das condições requeridas pelo Direito, "compete ao Bispo diocesano, o qual, atendendo aos critérios fixados por acordo com os restantes membros da Conferência Episcopal, pode determinar os casos em que se verifique tal necessidade".[50]

Por isto, "a confissão individual e integral seguida da absolvição continua sendo o único modo ordinário pelo qual os fiéis se reconciliam com Deus e com a Igreja, salvo se uma impossibilidade física ou moral dispensar desta confissão. [...] A confissão pessoal é, pois, a forma mais significativa da reconciliação com Deus e com a Igreja".[51]

---

[47] JOÃO PAULO II, Exort. ap. pós-sinodal *Reconciliatio et pænitentia*, 32: *o.c.*, 267-268.
[48] BENTO XVI, Exort. ap. pós-sinodal *Verbum Domini*, 61.
[49] *Catecismo da Igreja Católica*, 1483; cf. *CIC*, cân. 962, 1; *CCEO*, cân. 721.
[50] *CIC*, cân. 961; *CCEO*, cân. 720.
[51] *Catecismo da Igreja Católica*, 1484.

As normas práticas estabelecidas pela Igreja como expressão da caridade pastoral

44. Nos cânones do *Código de Direito Canônico* encontramos orientações práticas sobre a confissão individual e a celebração comunitária,[52] como também sobre o lugar e o modo de disposição do confessionário.[53] Em relação aos ministros, fazem referência às normas ponderadas pela tradição eclesial e pela experiência, tais como a faculdade de confessar ordinariamente e a faculdade de absolver em alguns casos especiais.[54] É necessário ater-se, em tudo, aos critérios da Igreja sobre a doutrina moral.[55] É necessário comportar-se sempre como servidores justos e misericordiosos, de modo que se promova a "honra divina e a salvação das almas".[56]

45. Estas normas ajudam inclusive a agir com a prudência devida "levando em consideração a condição e a idade do penitente",[57] tanto para perguntar quanto para dar orientações práticas e para indicar uma "reparação oportuna".[58]

---

[52] *CIC*, cc. 959-963; *CCEO*, cc. 718-721.
[53] *CIC*, cân. 964: "§ 1. O lugar próprio para ouvir as confissões sacramentais é a igreja ou o oratório. § 2. No que respeita ao confessionário, a Conferência Episcopal estabeleça normas, com a reserva porém de que existam sempre em lugar patente confessionários, munidos de uma grade fixa entre o penitente e o confessor, e que possam utilizar livremente os fiéis que assim o desejem. § 3. Não se oiçam confissões fora dos confessionários, a não ser por causa justa". Cf. também *CCEO*, cân. 736 § 1.
[54] *CIC*, cc. 965-977; *CCEO*, cc. 722-730.
[55] *CIC*, cân. 978, § 2.
[56] *CIC*, cân. 978, § 1; *CCEO*, 732 § 2.
[57] *CIC*, cân. 979.
[58] *CIC*, cân. 981; *CCEO*, cân. 732 § 1.

É neste contexto do mistério da graça divina e do coração humano que se entende melhor o "sigilo" sacramental.[59]

Outras normas oferecem algumas pistas para ajudar os penitentes a confessarem-se com clareza, por exemplo, em relação ao número e espécie dos pecados graves,[60] indicando os tempos mais oportunos, os meios concretos (quais possam ser, em qualquer ocasião, os intérpretes) e sobretudo a liberdade de confessar-se com os ministros aprovados e que os mesmos podem ser escolhidos.[61]

46. No *Ritual da Penitência* encontram-se orientações doutrinais e normas práticas similares: preparação do sacerdote, acolhida, celebração com todos os seus detalhes. Estas orientações ajudarão o penitente a plasmar a sua vida com a graça recebida. Por isto, a celebração comunitária com a absolvição individual é uma grande ajuda para a confissão individual, que continua sendo a forma ordinária da celebração do sacramento da penitência.

47. Também na Carta Apostólica Motu Proprio *Misericordia Dei*, do Papa João Paulo II, sobre alguns aspectos da celebração do sacramento da penitência, são oferecidas muitas normas práticas sobre os possíveis modos de realizar a celebração sacramental e sobre cada um dos seus gestos.

---

[59] Cf. *CIC*, cc. 982-984; *CCEO*, cc.731; 733-734.
[60] *CIC*, cân. 988: "§ 1: O fiel tem obrigação de confessar, na sua espécie e número, todos os pecados graves de que se lembrar após diligente exame de consciência, cometidos depois do batismo e ainda não diretamente perdoados pelo poder das chaves da Igreja nem acusados em confissão individual. § 2: Recomenda-se aos fiéis que confessem também os pecados veniais".
[61] Cf. *CIC*, cc. 987-991; *CCEO*, cân. 719.

Orientar no caminho da santidade
em sintonia com a ação do Espírito Santo

48. Em todas estas possibilidades de celebração, a coisa mais importante é ajudar o penitente no seu processo de configuração a Cristo. Às vezes, um conselho simples e sapiencial ilumina por toda uma vida ou ajuda a levar a sério o processo de contemplação e perfeição, sob a guia de um bom diretor espiritual (como veremos na segunda parte deste documento). O diretor espiritual é um instrumento nas mãos de Deus para ajudar na descoberta daquilo que Deus quer de cada um no momento presente: a sua ciência não é meramente humana. A homilia de uma celebração comunitária da penitência ou o conselho privado em uma confissão individual podem ser determinantes para toda a vida de uma pessoa.

49. Em cada momento é necessário ter presente o processo seguido pelo penitente. Às vezes será mais útil adotar uma atitude de conversão radical que leve a recuperar ou reavivar a escolha fundamental pela fé; outras vezes será apenas uma ajuda no processo normal de santificação, que é sempre, harmoniosamente, de purificação, iluminação e união.

50. A confissão frequente, quando existem apenas pecados leves ou imperfeições, é como uma consequência da fidelidade ao batismo e à confirmação, e exprime um autêntico desejo de perfeição e de retorno ao desígnio do Pai, para que Cristo viva verdadeiramente em nós por uma vida de maior fidelidade ao Espírito Santo. Por isso, "levando-se em

conta a chamada de todos os fiéis à santidade, recomenda-se-lhes que confessem também os pecados veniais".[62]

Disponibilidade ministerial e acolhimento paterno

51. São essenciais, antes de tudo, a oração e a penitência pelas almas. Assim será possível uma autêntica disponibilidade e acolhida paterna.

52. Aqueles que têm a cura das almas devem "prover que sejam escutadas as confissões dos fiéis a eles confiados, que oportunamente lho peçam, e que lhes seja dada a oportunidade de aproximarem-se da confissão individual, sendo estabelecidos, para sua comodidade, dia e hora".[63] Atualmente, isto se tem feito em muitos lugares, com resultados muito positivos, não só em alguns santuários, mas também em muitas paróquias e igrejas.

53. Esta disponibilidade ministerial tende a prolongar-se, suscitando desejos de perfeição cristã. O auxílio do ministro, antes ou durante a confissão, estimula o verdadeiro conhecimento próprio, à luz da fé, em vista de adotar uma atitude de contrição e propósitos de conversão permanente e profunda, como também de reparação ou de correção e mudança de vida, para superar as insuficiências na resposta ao amor de Deus.

54. O texto final da celebração do sacramento, depois da absolvição propriamente dita e da despedida, contém

---

[62] JOÃO PAULO II, Motu Proprio *Misericordia Dei*, 3: *o.c.*, 456.
[63] *CIC*, cân. 986; *CCEO*, cân. 735.

uma grande riqueza espiritual e pastoral, e seria conveniente recitá-lo, visto que direciona o coração à paixão de Cristo, aos méritos da Bem-Aventurada Virgem Maria e dos Santos, e à cooperação, por meio das boas obras subsequentes.

55. Deste modo, o ministro, pelo fato de agir em nome de Cristo Bom Pastor, sente a urgência de conhecer e discernir as doenças espirituais e de fazer-se próximo do penitente, de ser fiel ao ensinamento do Magistério sobre a moral e a perfeição cristã, de viver uma autêntica vida de oração, de adotar uma postura prudente na escuta e nas perguntas, de ser disponível a quem pede o sacramento oportunamente e de seguir as moções do Espírito Santo. É sempre uma função paterna e fraterna à imitação do Bom Pastor, e é uma prioridade pastoral. Cristo, presente na celebração sacramental, também espera dentro no coração de cada penitente e pede ao ministro oração, estudo, invocação do Espírito e acolhida paterna.

56. Esta perspectiva de caridade pastoral coloca em evidência que "a falta de disponibilidade para acolher as ovelhas feridas, mais, para ir ao seu encontro e reconduzi-las ao aprisco, seria um doloroso sinal de carência de sentido pastoral em quem, pela Ordenação sacerdotal, deve reproduzir em si mesmo a imagem do Bom Pastor [...]. De modo particular, recomenda-se a presença visível dos confessores [...] e uma especial disponibilidade para confessar antes das Missas e mesmo para ir ao encontro da necessidade dos fiéis durante a celebração da Eucaristia, se houver outros

sacerdotes disponíveis".[64] Em se tratando de uma "concelebração, exorta-se vivamente que alguns sacerdotes se abstenham de concelebrar para serem disponíveis aos fiéis que queiram recorrer a este sacramento".[65]

57. A descrição que o Santo Cura d'Ars faz do ministério acentua a nota de acolhida e disponibilidade. Este é o comentário de Bento XVI: "Todos nós, sacerdotes, deveríamos sentir que nos tocam pessoalmente estas palavras que ele colocava na boca de Cristo: 'Encarregarei os meus ministros de anunciar aos pecadores que estou sempre pronto a recebê-los, que a minha misericórdia é infinita'. Do Santo Cura d'Ars, nós, sacerdotes, podemos aprender não só uma inexaurível confiança no sacramento da penitência que nos instigue a colocá-lo no centro das nossas preocupações pastorais, mas também o método do 'diálogo de salvação' que nele se deve realizar. O Cura d'Ars tinha maneiras diversas de comportar-se segundo os vários penitentes".[66] Em tal contexto, pode-se entender a explicação que deu a um colega sacerdote: "Dir-vos-ei qual é a minha receita: dou aos pecadores uma penitência pequena e o resto faço-o eu no lugar deles".[67]

---

[64] JOÃO PAULO II, Motu Proprio *Misericordia Dei*, 1b-2: *o.c.*, 455.
[65] Cf. CONGREGAÇÃO PARA O CULTO DIVINO E A DISCIPLINA DOS SACRAMENTOS, Resposta *Qænam sunt dispositiones* a respeito das normas relativas ao momento da celebração do sacramento da penitência (31 de julho de 2001): *Notitiæ* 37 (2001) 259-260 (EV 20 [2001] n. 1504).
[66] BENTO XVI, *Carta para a proclamação de um Ano Sacerdotal por ocasião do 150º Aniversário do "Dies natalis" de São João Maria Vianney*, 16 de junho de 2009.
[67] Cf. *ibid*.

Uma formação renovada e atualizada dos sacerdotes para guiar os fiéis nas diversas situações

58. Pode-se aprender do Santo Cura d'Ars o modo de distinguir os penitentes para que sejam mais bem orientados, de acordo com sua disponibilidade. Mesmo oferecendo modelos de santidade aos mais fervorosos, exortava todos a que emergissem na "torrente da divina misericórdia" dando motivo de esperança para as correções: "O bom Deus sabe tudo. Ainda antes de vos confessardes, já sabe que voltareis a pecar e todavia perdoa-vos. Como é grande o amor do nosso Deus, que *vai até ao ponto de esquecer voluntariamente o futuro*, só para poder perdoar-nos!".[68]

Este esforço de caridade pastoral "era para ele, sem dúvida, a maior das suas práticas ascéticas, um 'martírio'". Por isto, "o Senhor concedia-lhe o ensejo de reconciliar grandes pecadores arrependidos como também de guiar para a perfeição almas que desta tinham sede".[69]

59. O confessor é pastor, pai, mestre, educador, juiz espiritual e também médico que discerne e oferece a cura. "Lembre-se o sacerdote de que, ao ouvir confissões, desempenha simultaneamente o papel de juiz e de médico, e que foi constituído por Deus como ministro da justiça divina e, ao mesmo tempo, de sua misericórdia, para procurar a honra divina e a salvação das almas."[70]

---

[68] *Ibid.*
[69] JOÃO PAULO II, *Carta aos sacerdotes por ocasião da Quinta-feira Santa de 1986*, 7: o.c., 695.
[70] *CIC*, cân. 978 § 1; *CCEO*, 732, § 2.

60. Maria é a Mãe de misericórdia porque é Mãe de Cristo Sacerdote, revelador da misericórdia. É aquela que, "como ninguém mais, experimentou a misericórdia [...] é aquela que conhece mais profundamente o mistério da misericórdia divina" e, por isto, pode "atingir todos aqueles que aceitam mais facilmente o amor misericordioso da parte de uma mãe".[71] A espiritualidade mariana do sacerdote deixará entrever, em seu modo de agir, o Coração materno de Maria, como reflexo da misericórdia divina.

Novas situações, novas graças, novo fervor dos ministros

61. É preciso reconhecer as dificuldades atuais a exercitar o ministério da penitência, devidas a uma certa perda do sentido do pecado, a uma certa antipatia para com este sacramento, a uma presumida não utilidade de confessar-se se não se está em pecado grave, e também ao cansaço espiritual do ministro, ocupado em tantas atividades. Mas a confissão é sempre um renascimento espiritual que transforma o penitente em uma nova criatura e estreita sempre mais sua amizade com Cristo. Por isto, é uma fonte de alegria, para quem é servo do Bom Pastor.

62. Quando o sacerdote exercita este ministério, revive de modo particular sua condição de ser instrumento de um maravilhoso evento da graça. À luz da fé, pode experimentar a ação do amor misericórdia de Deus. Os gestos

---

[71] JOÃO PAULO II, Carta enc. *Dives in misericordia* (30 de novembro de 1980), 9: *o.c.*, 1208.

e as palavras do ministro são um meio para que se realize um verdadeiro milagre da graça. Embora existam outros instrumentos eclesiais para comunicar a graça de Deus (para não falar da Eucaristia, máxima prova de amor), "no sacramento da penitência o homem é alcançado de modo visível pela misericórdia de Deus".[72] É um meio privilegiado de encorajar a não apenas receber o perdão, mas a seguir com generosidade o caminho da identificação com Cristo. O caminho do discipulado evangélico (por parte dos fiéis e dos próprios ministros) necessita deste recurso para manter-se num nível de generosidade.

63. Esta perspectiva do encorajamento exige do ministro uma maior atenção em sua formação: "consequentemente, é necessário que ele acrescente a uma boa sensibilidade espiritual e pastoral, uma séria preparação teológica, moral e pedagógica, que o torne capaz de compreender a existência da pessoa. Além disso, é-lhe muito útil conhecer os âmbitos sociais, culturais e profissionais de quantos se aproximam do confessionário, para poder oferecer conselhos idôneos e orientações espirituais e práticas[...] à sabedoria humana, à preparação teológica, é necessário acrescentar uma profunda disposição de espiritualidade, alimentada pelo contato orante com Cristo, Mestre e Redentor".[73] Neste

---

[72] JOÃO PAULO II, *Homilia em Maribor (Eslovênia)*, 19 de maio de 1996.

[73] BENTO XVI, *Discurso aos Penitenciários* (19 de fevereiro de 2007), veja-se também o Discurso de 7 de março de 2008. Os discursos de João Paulo II e de Bento XVI à Penitenciaria oferecem uma catequese abundante sobre o modo de celebrar o sacramento da penitência, encorajando os ministros a viverem-no bem e a ajudarem os fiéis nesta experiência de perdão e de santificação. Além destes documentos já citados, pode-se consultar mais amplamente: RITUALE

sentido, a formação permanente é de grande utilidade, como por exemplo, as jornadas de formação do clero, com cursos específicos, tal como aqueles oferecidos pela Penitenciaria Apostólica.

ROMANUM — *Ordo Pœnitentiæ* (2 de dezembro de 1973); JOÃO PAULO II, Carta Enc. *Dives in Misericordia* (30 de novembro de 1980); Exort. ap. Pós-sinodal *Reconciliatio et Pœnitentia* (2 de dezembro de 1984); Carta ap. Motu Proprio *Misericordia Dei, sobre alguns aspectos da celebração do sacramento da penitência* (7 de abril de 2002); PENITENCIARIA APOSTÓLICA, *O sacramento da penitência nas Mensagens de João Paulo II à Penitenciaria Apostólica — anos 1981, 1989 a 2000* — (13 de junho de 2000); PONTIFÍCIO CONSELHO PARA A FAMÍLIA, *Vademecum para os confessores sobre alguns temas de moral relativos à vida conjugal* (1997). Nas notas foram citados também os discursos do Papa Bento XVI à Penitenciaria. Vejam-se também: *CIC*, Lib. IV, parte I, título IV; *Catecismo da Igreja Católica*, II parte, art. 4.

II
O MINISTÉRIO DA DIREÇÃO ESPIRITUAL

1. Importância atual, momento de graça

Itinerário histórico e atual

64. O aconselhamento espiritual, chamado também de direção e acompanhamento espiritual, é praticado desde os primeiros séculos da Igreja até os nossos dias. Trata-se de uma praxe milenar, que deu frutos de santidade e de disponibilidade evangelizadora.

O Magistério, os Santos Padres, os autores espirituais e as normas de vida eclesial falam da necessidade deste aconselhamento ou direção, sobretudo no itinerário formativo e em algumas circunstâncias da vida cristã. Existem momentos na vida que necessitam de um discernimento especial e de um acompanhamento fraterno. É a lógica da vida cristã. "É preciso redescobrir a grande tradição do acompanhamento espiritual pessoal, que sempre deu tantos e tão preciosos frutos, na vida da Igreja."[74]

---

[74] JOÃO PAULO II, Exort. ap. pós-sinodal *Pastores dabo vobis*, 40: *o.c.*, 723.

65. Nosso Senhor estava próximo aos seus discípulos. A direção, acompanhamento ou aconselhamento espiritual originou-se no curso dos séculos, a início sobretudo por parte dos monastérios (tanto no Oriente quanto no Ocidente) e, por conseguinte, também por parte das diversas escolas de espiritualidade, a partir da Idade Média. Sua aplicação na vida cristã tornou-se mais frequente desde os séculos XVI-XVII, como pode ser constatado nos escritos de Santa Teresa de Jesus, São João da Cruz, Santo Inácio de Loyola, São João de Ávila, São Francisco de Sales, Santo Afonso Maria de Ligório, Pedro de Bérulle etc. Mesmo que predominantemente a direção espiritual tenha sido dada por monges e sacerdotes, sempre existiram fiéis (religiosos e leigos) — como, por exemplo, Santa Catarina — que prestaram este serviço. A legislação eclesiástica recolheu toda esta experiência e a aplicou sobretudo na formação inicial à vida sacerdotal e consagrada. Existem também fiéis leigos bem formados, homens e mulheres, que desenvolvem este serviço de aconselhamento no caminho da santidade.

Formação sacerdotal para este acompanhamento

66. A direção espiritual é uma ajuda no caminho da santificação para todos os fiéis em qualquer estado de vida. Atualmente, enquanto se observa uma busca de orientação espiritual por parte dos fiéis, adverte-se ao mesmo tempo a necessidade de uma maior preparação por parte dos ministros, a fim de poderem prestar diligentemente este serviço de aconselhamento, discernimento e acompanhamento. Onde existe tal prática, se dá uma renovação pessoal e

comunitária, surgem vocações, espírito apostólico, alegria na esperança.

67. No período de preparação para o sacerdócio, aparece sempre mais necessário e urgente o estudo da teologia espiritual e a experiência desta na própria vida. Na verdade, o aconselhamento ou direção espiritual é parte integrante do ministério da pregação e da reconciliação. De fato, o sacerdote é chamado a guiar no caminho da identificação com Cristo, que inclui o caminho da contemplação. O auxílio da direção espiritual, como discernimento do Espírito, faz parte do ministério: "sabendo discernir se os espíritos vêm de Deus, [os presbíteros] perscrutem com o sentido da fé, reconheçam com alegria e promovam com diligência os multiformes carismas dos leigos, tanto os mais modestos como os mais altos".[75]

68. A formação inicial ao sacerdócio, desde os primeiros momentos de vida no Seminário, abrange efetivamente esta ajuda: "os alunos sejam formados com uma peculiar educação religiosa, e sobretudo por uma apta direção espiritual, de maneira a seguir Cristo Redentor de alma generosa e coração puro".[76]

69. Não se trata apenas de uma consulta sobre temas doutrinais, mas, antes, sobre a vida de relacionamento, intimidade e configuração com Cristo, que é sempre uma participação na vida trinitária: "A formação espiritual deve estar estreitamente unida com a formação doutrinal

---

[75] CONC. ECUM. VAT. II, Decr. *Presbyterorum Ordinis*, 9.
[76] CONC. ECUM. VAT. II, Decr. *Optatam totius*, 3.

e pastoral graças sobretudo à colaboração do Diretor espiritual; seja dada de tal maneira que os alunos aprendam a viver em união familiar e assídua com o Pai por meio de seu Filho Jesus Cristo, no Espírito Santo".[77]

Direção espiritual e ministério sacerdotal

70. Os *munera* sacerdotais são descritos tendo-se em consideração a relação dos sacerdotes com a vida espiritual dos fiéis: vós "sois os ministros da Eucaristia, os dispensadores da misericórdia divina no sacramento da penitência, os consoladores das almas, os guias de todos os fiéis nas tempestuosas dificuldades da vida".[78]

No acompanhamento ou direção espiritual dá-se sempre grande importância ao discernimento do Espírito com o objetivo da santificação, da missão apostólica e da vida de comunhão eclesial. A lógica do Espírito impele a viver na verdade e no bem conforme o exemplo de Cristo. É necessário pedir a sua luz e a sua força para discernir e ser fiel ao seu direcionamento.

71. Pode-se afirmar que esta atenção à vida espiritual dos fiéis, guiando-lhes no caminho da contemplação e da santidade, também como um auxílio para o discernimento vocacional, é uma prioridade pastoral: "nesta perspectiva, o cuidado pelas vocações ao sacerdócio saberá exprimir-se também numa firme e persuasiva proposta de *direção espiritual* [...] Os sacerdotes, pela sua parte, sejam os

---

[77] *Ibid.*, 8.
[78] JOÃO PAULO II, Exort. ap. pós-sinodal *Pastores dabo vobis*, 4: *o.c.*, 663.

primeiros a dedicar tempo e energias a esta obra de educação e de ajuda espiritual pessoal: jamais se arrependerão de ter transcurado ou relegado para segundo plano muitas outras coisas, mesmo boas e úteis, se for necessário para o seu ministério de colaboradores do Espírito na iluminação e guia dos chamados".[79]

72. O cuidado pelos jovens, em particular, com a finalidade de discernir a própria vocação específica na vocação cristã em geral, requer esta atenção de aconselhamento e acompanhamento espiritual: "como então escrevia o futuro Papa Paulo VI, 'a direção espiritual tem uma função belíssima e pode dizer-se indispensável para a educação moral e espiritual da juventude que queira interpretar e seguir com absoluta lealdade a vocação da própria vida, seja ela qual for, e conserva sempre uma importância benéfica para todas as idades da vida, quando à luz e à caridade de um conselho piedoso e prudente se pede a comprovação da própria retidão e o conforto para o cumprimento generoso dos próprios deveres. É meio pedagógico muito delicado, mas de grandíssimo valor; é arte pedagógica e psicológica de grande responsabilidade para quem a exercita; é exercício espiritual de humildade e de confiança para quem a recebe'".[80]

73. A direção espiritual está habitualmente relacionada com o sacramento da reconciliação, ao menos no sentido de uma consequência possível, quando os fiéis pedem para ser guiados no caminho da santidade, inclusive no itinerário

---

[79] *Ibid.*, 40: *o.c.*, 724-725.
[80] *Ibid.*, 81: *o.c.*, 799-800.

específico de sua vocação pessoal: "paralelamente ao sacramento da reconciliação, o presbítero não deixará de exercer o ministério da *direção espiritual*. A descoberta e a difusão desta prática, em momentos diversos da administração da penitência, é um grande benefício para a Igreja no tempo presente. A disponibilidade generosa e ativa dos presbíteros para praticá-la constitui também uma ocasião importante para determinar e sustentar as vocações ao sacerdócio e as várias formas de vida consagrada".[81]

*A Direção espiritual
que recebem os ministros ordenados*

74. Os próprios ministros necessitam da prática da direção espiritual, que está sempre intrinsecamente ligada à intimidade com Cristo: "para desempenhar com fidelidade o seu ministério, tenham a peito o colóquio cotidiano com Cristo Senhor, na visita e culto pessoal à Sagrada Eucaristia; entreguem-se de bom grado ao retiro espiritual, e tenham em grande apreço a direção espiritual".[82]

75. A realidade ministerial exige que o ministro receba pessoalmente a direção espiritual, procurando-a e recebendo-a com fidelidade, para poder dirigir melhor os outros: "para contribuir para o melhoramento da sua espiritualidade é necessário que os presbíteros recebam eles mesmos a direção espiritual. Colocando nas mãos dum sábio

---

[81] CONGREGAÇÃO PARA O CLERO, Diretório para o ministério e a vida dos presbíteros *Dives Ecclesiæ* (31 de março de 1994), 54.
[82] CONC. ECUM. VAT. II, Decr. *Presbyterorum Ordinis*, 18.

colega a formação da sua alma, a partir dos primeiros anos de ministério, crescerão na consciência da importância de não caminhar sozinhos pelos caminhos da vida espiritual e do empenho pastoral. Recorrendo a este meio eficaz de formação, tão experimentado na Igreja, os presbíteros terão plena liberdade na escolha da pessoa a quem confiar a direção da sua vida espiritual".[83]

76. Para resolvermos as questões pessoais e comunitárias é necessário recorrer ao conselho dos irmãos sacerdotes, sobretudo daqueles que devem exercê-la em função da missão a eles confiada, de acordo com a graça de estado, recordando que o primeiro "conselheiro" ou "diretor" é sempre o Espírito Santo, ao qual se precisa recorrer com uma oração constante, humilde e confiante.

2. Linhas fundamentais

Natureza e fundamento teológico

77. A vida cristã é "caminho" e "viver do Espírito" (Gl 5,25), como sintonia, relação, imitação, configuração a Cristo, para participar da filiação divina. Por isto, "todos os que são conduzidos pelo Espírito de Deus são filhos de Deus" (Rm 8, 14). O aconselhamento ou direção espiritual ajuda a distinguir "o Espírito da Verdade e o espírito do erro" (1Jo 4,6) e a "revestir o homem novo, criado à imagem de Deus, em verdadeira justiça e santidade" (Ef 4,24). A direção

---

[83] CONGREGAÇÃO PARA O CLERO, Diretório para o ministério e a vida dos presbíteros *Dives Ecclesiæ*, 54.

espiritual é sobretudo um auxílio para o discernimento no *caminho da santidade ou perfeição*.

O fundamento desta prática do "acompanhamento" ou "direção espiritual" está na realidade de ser Igreja de comunhão, Corpo Místico de Cristo, família de irmãos que se ajudam segundo os carismas recebidos. A Igreja é um complexo de "mediações" que correspondem aos diversos ministérios, vocações e carismas. Todos precisamos uns dos outros, também e especialmente no campo do aconselhamento espiritual. Trata-se de procurar e aceitar um conselho que vem do Espírito Santo por meio dos irmãos.

No batismo e na confirmação todos recebemos os dons do Espírito, dentre os quais é relevante o "dom do conselho". A experiência eclesial demonstra que algumas pessoas possuem o dom do conselho num grau mais elevado e que, portanto, são chamadas a servir os outros disponibilizando o carisma recebido. Às vezes, a direção ou conselho espiritual é exercido em função de uma tarefa confiada pela autoridade eclesiástica ou pela comunidade eclesial na qual se vive.

Objetivo específico

78. O *objetivo* da direção espiritual consiste principalmente em ajudar a discernir os sinais da vontade de Deus. Normalmente, fala-se de discernir a luz e as moções do Espírito Santo. Existem momentos nos quais tais consultas são mais necessárias. É necessário levar em conta o

"carisma" peculiar da vocação pessoal ou da comunidade na qual vive quem pede ou dá o conselho.

79. Quando se procura discernir os sinais da vontade de Deus, com o auxílio do conselho fraterno, inclui-se eventualmente a consulta referente a temas de moral e prática das virtudes, e também a confidência acerca das situações que se queiram esclarecer. Mas, se faltasse o verdadeiro desejo de santidade, perder-se-ia o objetivo principal da direção espiritual. Este objetivo é inerente ao processo de fé, esperança e caridade (como configuração com os critérios, valores e atitudes de Cristo), que deve ser orientado de acordo com os sinais da vontade de Deus, em harmonia com os carismas recebidos. O fiel que recebe o conselho deve assumir a própria responsabilidade e iniciativa.

80. A consulta moral, a exposição confidencial dos próprios problemas, a vivência prática dos meios de santificação, devem compor o contexto da busca pela vontade de Deus. Sem o desejo sincero de santidade, que equivale a colocar em prática as bem-aventuranças e o novo mandamento do amor, não subsistiria o objetivo específico da direção espiritual na vida cristã.

Dinamismo e processo

81. Durante o processo da direção espiritual é necessário entrar no conhecimento próprio à luz do Evangelho e, então, apoiar-se na confiança em Deus. É precisamente um itinerário de relacionamento pessoal com Cristo, no qual se aprende e se pratica com ele a humildade, a confiança e

a entrega de si mesmo, conforme o novo mandamento do amor. Ajuda-se a formar a consciência instruindo a mente, iluminando a memória, fortalecendo a vontade, orientando a afetividade e, com coragem, encaminhando-se generosamente rumo à santidade.

82. O processo da direção espiritual percorre algumas *etapas* que não são rigidamente estabelecidas, mas que se desenvolvem como que em círculos concêntricos: orientar o conhecimento próprio com a confiança no Deus Amor, na decisão de entregar-se de si mesmo e na harmonia entre a purificação, a iluminação e a união. É a dinâmica de uma vida em sintonia com a participação na vida trinitária (cf. Jo 14,23; Ef 2,18), através da configuração a Cristo (critérios, valores e atitudes, que manifestem a fé, a esperança e a caridade...) e sob a ação do Espírito Santo, recebido com fidelidade e generosidade.

Tudo isto se desenvolve numa série de áreas (relacionamento com Deus, trabalho, relações sociais, na unidade de vida), nas quais se procura a vontade de Deus através do conselho e do acompanhamento: caminho de oração-contemplação, discernimento e fidelidade à vocação, fidelidade e doação no itinerário de santidade, viver harmoniosamente a "comunhão" fraterna eclesial, disponibilidade para o apostolado. O acompanhamento e o conselho conduzem também aos meios concretos. Em todo este processo, é necessário ter presente que o verdadeiro diretor é o Espírito Santo, enquanto que o fiel conserva toda a própria responsabilidade e iniciativa.

83. No *caminho da oração* (pessoal, comunitária e litúrgica) será necessário ensinar a orar, cuidando particularmente da postura filial do "Pai nosso", que é de humildade, confiança e amor. Os escritos dos santos e dos autores espirituais podem servir de ajuda para as orientações neste caminho para "abrir o coração e alegrar-se pela sua presença" (Santo Cura d'Ars), em um cruzamento de olhares, "eu o olho e ele me olha" (o camponês de Ars, seguindo os ensinamentos do Santo Cura). Assim, se aceita o dom da presença de Jesus e aprende-se a fazer desta própria presença um "estar com quem sabemos que nos ama" (Santa Teresa de Jesus). É o silêncio da adoração, da admiração e da entrega, como "um olhar simples do coração" (Santa Teresinha de Lisieux), e o falar como Jesus no Getsêmani.

Em todas as vocações eclesiais

84. A partir da chamada de Jesus ("Sede, portanto, perfeitos como o vosso Pai celeste é perfeito"; Mt 5, 48), o sacerdote convida todos os fiéis a retomarem "o caminho da plenitude da vida própria dos filhos de Deus",[84] para atingir o "conhecimento existencial de Cristo".[85] As exigências da vida cristã (leiga, religiosa ou sacerdotal) não seriam compreensíveis sem esta vida "espiritual", ou seja, a "vida" no Espírito Santo, que leva a "anunciar a Boa-Nova aos pobres" (Lc 4, 18).

---

[84] JOÃO PAULO II, Carta enc. *Veritatis splendor*, 115: *o.c.*, 1224.
[85] *Ibid.*, 88: *o.c.*, 1204.

85. No *caminho* da própria vocação eclesial, é preciso estar atento mormente às motivações e reta intenção, liberdade na decisão, formação, idoneidade ou qualidades. Os especialistas em teologia espiritual descrevem o diretor espiritual como aquele que instrui em casos e aplicações concretas, que dá as motivações para a entrega generosa e ajuda, propondo meios de santificação adaptados a cada pessoa e situação, segundo as diversas vocações. As dificuldades são enfrentadas na perspectiva do autêntico seguimento de Cristo.

86. A direção pode ser habitual ou um acompanhamento transitório *ad casum*. Além disso, esta pode ser mais intensa inicialmente. É frequente que alguns fiéis, no caminho da vocação, sintam-se convidados a pedir a direção espiritual, graças à pregação, à leitura, aos retiros e encontros de oração, ou mesmo à confissão. Uma leitura atenta dos documentos do Magistério pode suscitar a exigência de procurar um diretor com a intenção de viver mais coerentemente a vida cristã. Esta entrega à vida espiritual conduz a um maior desempenho na vida social: "a disponibilidade para Deus abre a disponibilidade para os irmãos e para uma vida entendida como tarefa solidária e jubilosa".[86]

---

[86] BENTO XVI, Carta enc. *Caritas in veritate*, 78.

3. Orientações práticas

Itinerário ou caminho concreto de vida espiritual

87. A partir desta linha fundamental de direção espiritual e levando em consideração a realidade hodierna, no entrelaçamento entre a graça e as situações sociológicas e culturais, podemos deduzir algumas orientações práticas, que sempre são abertas a novas graças e a novas circunstâncias.

A aplicação do aconselhamento espiritual (direção, acompanhamento) deve levar em conta a vocação eclesial específica, o carisma peculiar ou a graça especial. Sendo "uma" pessoa, é necessário conhecer suas circunstâncias concretas de vida: família, trabalho etc. Em se tratando de uma vocação ou de um carisma específico, é oportuno prestar atenção aos diversos momentos do caminho.[87]

Eventualmente, precisa-se prestar uma especial atenção a casos e situações particulares, como a mudança de estado eclesial, o desejo de maior perfeição, a tendência ao escrúpulo, os fenômenos extraordinários.

88. É oportuno começar o caminho da direção espiritual com uma releitura da vida. É de grande ajuda ter alguns propósitos ou um plano de vida que enfatize

---

[87] No Código de Direito Canônico descreve-se a direção espiritual nos Seminários (*CIC*, cân. 239; *CCEO*, cân. 337-339), nas Casas religiosas (*CIC*, cân. 630; *CCEO*, cân. 473-475; 538 § 3-539), nos Institutos seculares (*CIC*, cân. 719). Vejam-se outros documentos sobre a direção espiritual dos sacerdotes, na vida consagrada, nos Seminários e noviciados, na nota final desta parte, no § 134.

o relacionamento com Deus (oração litúrgica e pessoal), a relação fraterna, a família, o trabalho, as amizades, as virtudes concretas, os deveres pessoais, o apostolado e os instrumentos de espiritualidade. Em tal projeto de vida podem aparecer as aspirações e dificuldades e o desejo de doar-se mais a Deus. É muito útil concretizar os meios a serem empregados no caminho da oração, da santidade (virtudes), dos deveres do próprio estado, da mortificação ou das "pequenas canseiras da vida cotidiana"[88] etc.

89. No *momento inicial*, tende-se a estimular o surgimento dos atos de piedade e de perseverança nas virtudes, de oração e de adesão à vontade de Deus, de algumas práticas de apostolado, de formação do caráter (memória, inteligência, afetividade, vontade), de purificação, de formação à abertura e a uma postura de autenticidade sem duplicidades. Podem ser enfrentados, então, casos de aridez, inconstância, entusiasmo superficial ou passageiro etc. É o momento justo para "arrancar... e plantar" (Jr 1,10), para conhecer a paixão dominante e orientá-la com retidão.

90. Um segundo momento é definido como *adiantamento*, no qual se impele ao recolhimento e à vida interior, à maior humildade e mortificação, ao aprofundamento nas virtudes e ao melhoramento da oração.

Chega-se, assim, a um momento de *maior perfeição*, no qual a oração é mais contemplativa, tentando-se cortar as preferências, distingue-se aí um aspecto "ativo" e outro

---

[88] BENTO XVI, Carta enc. *Spes salvi* (30 de novembro de 2007), 40: *AAS* 99 (2007), 1018.

"passivo" (ou então, pode-se secundar fielmente a ação da graça, que é sempre mais surpreendente), aprendendo a passar a noite do espírito (noite da fé). O aprofundamento na humildade leva aos gestos de caridade.

91. Cada uma das virtudes necessita de uma atenção específica. As luzes, as inspirações ou moções do Espírito Santo são recebidas neste caminho, que é de contínuo discernimento para uma maior fidelidade e generosidade. Os casos concretos de graças especiais ou de fraquezas espirituais devem ser enfrentados com o devido estudo, incluindo a colaboração de outras pessoas mais especializadas, sempre com grande respeito. É útil seguir um plano de vida que seja subdividido simplesmente num conjunto de princípios, objetivos e meios. Ou então indicar-se as metas, o estágio em que se encontra, onde se quer chegar, quais obstáculos podem ser encontrados e quais instrumentos devem ser utilizados.

92. Exercem uma incidência direta na vida espiritual "o sacrifício eucarístico de Cristo, fonte e centro de toda a vida cristã",[89] para construir a unidade de vida, necessária aos presbíteros[90] e aos fiéis leigos.[91] Entre os meios concretos da vida espiritual, além das fontes principais (Eucaristia, palavra, oração...), são relevantes pelos seus aspectos práticos, a *lectio divina* ou a meditação, segundo os métodos diversos, a prática assídua do sacramento da reconciliação, a leitura espiritual, o exame de consciência (particular e

---

[89] CONC. ECUM. VAT. II, Const. dogm. *Lumen gentium*, 11.
[90] Cf. CONC. ECUM. VAT. II, Decr. *Presbyterorum Ordinis*, 14.
[91] Cf. JOÃO PAULO II, Exort. ap. pós-sinodal *Christifideles laici* (30 de dezembro de 1988), 59: *AAS* 81 (1989), 509.

geral), os retiros espirituais. A leitura espiritual da vida e obras dos santos e autores de espiritualidade direciona o caminho do conhecimento próprio, da confiança filial e da dedicação generosa.

93. É normal que se apresentem algumas crises de crescimento e de amadurecimento no caminho cristão, que podem ser verificadas de modo diverso. A "noite escura" da fé pode apresentar-se em vários momentos, mas especialmente quando a pessoa se aproxima mais de Deus, até experimentar uma espécie de "silêncio" ou "ausência" de Deus, que é, na verdade, um falar e uma presença muito profunda do próprio Deus. O acompanhamento espiritual é então mais necessário do que nunca, desde que se sigam as indicações que nos deixaram os grandes santos e mestres espirituais. Existem muitos momentos de aridez, de derrota, de desentendimento, de calúnia e também de perseguições no apostolado, que podem vir, por um erro, de pessoas boas (a "perseguição dos bons"). O conselho espiritual deve ajudar a viver o mistério fecundo da cruz como um dom peculiar de Cristo Amigo.

94. Apresentam-se situações particulares na vida cristã. Tratam-se eventualmente de luzes e moções do Espírito e de desejos de maior dedicação e apostolado. Mas existem igualmente momentos de ilusões enganadoras que podem derivar do amor próprio e da fantasia. Podem dar-se também desencorajamento, desconfiança, mediocridade ou negligência, e também tibieza, ânsia excessiva de ser admirado, falsa humildade etc.

95. Quando são verificados casos ou fenômenos extraordinários é necessário ater-se aos autores espirituais e aos místicos da história eclesial. Tenha-se presente que estes fenômenos podem ser fruto da natureza ou, também no caso de que proviessem da graça, podem exprimir-se de modo imperfeito por motivos psicológicos, culturais, de formação, de ambientes sociais. Os critérios que a Igreja sempre seguiu para constatar sua autenticidade baseiam-se sobre conteúdos doutrinais da Sagrada Escritura, da Tradição e do Magistério, a honestidade da pessoa (sobretudo a sinceridade, a humildade, a caridade, além da saúde mental) e os frutos permanentes de santidade.

96. Existem também doenças e fraquezas psíquicas ligadas à vida espiritual. Às vezes são de caráter mais espiritual, como a tibieza (aceitação habitual do pecado venial ou das imperfeições, sem o interesse de corrigi-los) e a mediocridade (superficialidade, cansaço para o trabalho sem um sustento na vida interior). Estas fraquezas podem estar ligadas também ao temperamento: ânsia de perfeccionismo, falso temor de Deus, escrúpulos sem fundamento, rigorismo, laxismo etc.

97. As fraquezas ou doenças de tipo neurológico mais ligadas à vida espiritual (como a "histeria") necessitam da atenção de especialistas (em espiritualidade e psicologia). Geralmente manifestam-se com uma excessiva busca de atenção ou uma profunda insatisfação de si mesmo (*hysterein*) que tenta atrair o interesse e a compaixão de todos, produzindo frequentemente um clima de agitação eufórica no qual pode ser envolvido o próprio diretor espiritual

(crente de proteger uma vítima ou uma pessoa privilegiada). Estas manifestações não tem nada a ver com a verdadeira contemplação mística cristã, que, admitindo a própria fragilidade, não procura granjear a atenção dos outros, mas exprime-se na humildade, na confiança, no esquecimento próprio para servir os outros seguindo a vontade de Deus.

O discernimento do Espírito Santo na direção espiritual

98. Com a ajuda do acompanhamento ou conselho espiritual, à luz desta vivência da fé, é mais fácil discernir a *ação do Espírito Santo* na vida de cada indivíduo, que leva sempre à oração, à humildade, ao sacrifício, à vida ordinária de Nazaré, ao serviço, à esperança, seguindo o modelo que nos é oferecido por São Lucas na vida de Jesus, sempre guiada pelo Espírito Santo: para o "deserto" (Lc 4,1), os "pobres" (Lc 4,18), a "alegria" pascal no Espírito (Lc 10,21).

99. A ação do *espírito maligno* é acompanhada pela soberba, autossuficiência, tristeza, desencorajamento, inveja, confusão, ódio, falsidade, desprezo pelos outros e preferências egoístas. Sem o aconselhamento ou acompanhamento espiritual, é muito difícil definir os campos, sobretudo quando se acrescem o temperamento, a cultura e as qualidades naturais. Os campos ou temas aos quais se deve aplicar o discernimento são aqueles que se referem ao caminho da vocação (nas circunstâncias da vida de cada dia), da contemplação, da perfeição, da vida fraterna e da missão. Mas existem outras situações pessoais e comunitárias que demandam um discernimento particular, como

a mudança de estado de vida, as novas luzes ou moções, as mudanças estruturais, algumas fragilidades, os fenômenos extraordinários etc.

100. Assim como o Espírito "sopra onde quer" (Jo 3,8), não se podem dar normas ou regras rígidas para o discernimento; mas os santos e os autores espirituais se reportam a certos constantes sinais da ação do Espírito de amor, que age para além da lógica humana.

Uma situação espiritual não poderia ser bem discernida sem a paz no coração, que se manifesta como dom do Espírito Santo, quando não se busca o próprio interesse ou prevalecer sobre os outros, mas o melhor modo de servir a Deus e aos irmãos. Então o conselho espiritual (no contexto do discernimento) opera com a garantia da liberdade interior, não condicionada por preferências pessoais nem pelas modas do momento.

Para realizar um bom discernimento são necessários: oração, humildade, desapego das preferências, escuta, estudo da vida e da doutrina dos santos, conhecimento dos critérios da Igreja, exame atento das próprias inclinações interiores, disponibilidade de mudar, liberdade do coração. Deste modo, educa-se para uma consciência sã, ou seja, para "a caridade, nascida de um coração puro, de uma boa consciência e de uma fé sincera" (1Tm 1,5).

Qualidades do diretor espiritual

101. Em geral, pede-se aos diretores que tenham um grande espírito de acolhida e de escuta, com senso de

responsabilidade e disponibilidade, com tom de paternidade, de fraternidade e de respeitosa amizade, sempre como serviço humilde de quem oferece um conselho, evitando o autoritarismo, o personalismo e o paternalismo, além do que a dependência afetiva, a pressa e a perda de tempo em questões secundárias, com a devida discrição e prudência, sabendo pedir conselho oportunamente aos outros, com as devidas reservas etc. Estas realidades são integradas pelo dom do conselho. Não deve faltar uma nota de bom humor que, se autêntico, é sempre respeitoso e contribui para redimensionar muitos problemas artificiosos e a viver mais serenamente.

102. Para exercitar o dom do conselho requer-se o conhecimento ou ciência (teórica e prática) da vida espiritual, a experiência desta, o sentido de responsabilidade e a prudência. A harmonia entre estas qualidades fundamentais exprime-se como proximidade, escuta, otimismo, esperança, testemunho, coerência, no suscitar desejos de santidade, firmeza, clareza, verdade, compreensão, amplidão ou pluralidade de perspectivas, adaptação, perseverança no processo ou caminho.

Geralmente, o diretor ou conselheiro espiritual (escolhido, proposto ou indicado) é apenas um, com o objetivo de assegurar a continuidade. Na vida de alguns santos pode-se observar uma grande liberdade em consultar outros e em mudar de diretor quando se constata que é melhor para a vida espiritual. A eventual mudança de diretor deve ser sempre possível e livre, quando existem motivações válidas para um maior crescimento espiritual.

103. O diretor deve conhecer bem a pessoa que ajuda, para que procurem juntos os sinais da vontade de Deus no caminho da santidade e nos momentos especiais da graça. A diagnose versará a respeito do modo de ser, das qualidades e dos defeitos, do desenvolvimento da vida espiritual pessoal etc. A formação dada corresponde ao momento da graça. O diretor não faz o caminho, mas o segue, assistindo a pessoa em sua realidade concreta. Quem guia as almas é o Espírito Santo e o diretor deve secundar a sua ação.

Deve manter constantemente um respeito profundo pela consciência dos fiéis, criando um relacionamento adequado para que haja uma abertura espontânea da consciência, e sempre agindo com respeito e delicadeza. O exercício do poder de jurisdição da Igreja deve sempre respeitar a reserva e o silêncio do diretor espiritual.

104. A autoridade do diretor não é fundamentada no poder de jurisdição, mas é aquela própria do aconselhamento e da orientação. No entanto, exige uma fidelidade de base que se traduz numa docilidade filial sem paternalismos. A atitude de humildade e confiança do diretor o levará a rezar e a não se desencorajar quando não conseguir ver os frutos.

105. Nas instituições de formação sacerdotal e de vida consagrada, assim como em algumas iniciativas apostólicas, frequentemente — justamente para garantir a formação adequada — indicam-se alguns conselheiros (diretores, mestres), deixando ampla margem para a escolha do diretor pessoal, em particular quando se trata de um problema de consciência e de confissão.

Qualidades de quem é objeto de direção espiritual

106. Da parte de quem é objeto de direção espiritual deve existir abertura, sinceridade, autenticidade e coerência, colocada em prática através dos meios de santificação (liturgia, sacramentos, oração, sacrifício, exame...). A periodicidade das conversas depende dos momentos e das situações, porque não existe uma regra fixa. Os momentos iniciais da formação requerem uma periodicidade mais frequente e assídua. É melhor que a conversa seja feita espontaneamente, sem esperar para ser chamado.

107. A liberdade na escolha do diretor não reduz a atitude de respeito. Se aceita a ajuda com espírito de fé. A conversa deve ser feita com sobriedade, oralmente ou lendo qualquer coisa anteriormente escrita, prestando contas da própria consciência e da situação na qual se encontra em relação ao plano de vida pensado em vista da direção. O normal é que se peça conselho sobre as virtudes, os defeitos, a vocação, a oração, a vida de família, a vida fraterna, os próprios deveres (especialmente o trabalho) e o apostolado. A abordagem de fundo é aquela de quem pergunta como agradar a Deus e como ser fiel à sua vontade.

108. A autenticidade da vida espiritual é evidenciada na harmonia entre os conselhos solicitados ou recebidos e a vida prática coerente. O exame pessoal é muito útil para o conhecimento próprio, além da participação aos retiros espirituais coligados à direção espiritual.

109. O cristão deve sempre agir com total liberdade e responsabilidade. A função do diretor espiritual é ajudar

a pessoa a escolher, e também a decidir livre e responsavelmente, diante de Deus, aquilo que deve fazer, com maturidade cristã. A pessoa dirigida deve assumir livre e responsavelmente o conselho espiritual, e se vier a errar não deve descarregar a responsabilidade sobre o diretor espiritual.

A direção espiritual do sacerdote

110. O ministério do sacerdote é ligado à direção espiritual. Contudo, ele também tem necessidade de aprender a receber esta direção para saber oferecê-la melhor aos outros quando lha peçam.

Quando o sacerdote recebe a direção espiritual, é necessário levar em conta o fato de que a sua espiritualidade específica possui como fulcro a "unidade de vida"[92] no exercício do ministério. Esta "unidade de vida", segundo o Concílio, é vivida com simplicidade pelos presbíteros em sua realidade concreta, "seguindo, na prática do ministério, o exemplo de Cristo Nosso Senhor, cujo alimento era fazer a vontade d'aquele que o enviou para realizar a sua obra".[93] São dons e carismas vividos em estreita relação de dependência do próprio bispo e em comunhão com o presbitério da Igreja particular.

Tanto na experiência pessoal quanto no exercício ministerial da direção espiritual, todos os campos da vida espiritual (contemplação, perfeição etc.) são enfocados em

---

[92] CONC. ECUM. VAT. II, Decr. *Presbyterorum Ordinis*, 14.
[93] *Ibid.*

uma dimensão trinitária, cristológica, pneumatológica, eclesiológica, antropológica e sociológica.

111. O plano pessoal para vida espiritual do sacerdote, além de incluir a celebração cotidiana do Sacrifício Eucarístico e da recitação diária do Ofício Divino, poderia ser composto da seguinte forma: diariamente, dedicar-se por um tempo à meditação da Palavra e, por alguns minutos, à leitura espiritual; reservar um momento, todos os dias, para a visita ao Santíssimo Sacramento ou para a adoração eucarística; periodicamente, encontrar-se com outros sacerdotes para um auxílio recíproco (reunindo-se para rezar, para fazer um pouco de partilha, para colaborar, para preparar homilias etc.) e para colocar em prática e apoiar as orientações do Bispo em relação ao Presbitério (projeto de vida ou diretório, formação permanente, pastoral sacerdotal...); recitar diariamente uma oração mariana, como o Santo Rosário, para manter a fidelidade a estes compromissos; e, todos os dias, fazer o exame de consciência, geral e particular.[94]

112. Neste ministério ou serviço de direção espiritual, o sacerdote, como no ministério da reconciliação sacramental, representa Cristo Bom Pastor, guia, mestre, irmão, pai, médico. É um serviço intimamente ligado ao ministério da pregação, da direção da comunidade e do testemunho de vida.

113. A ação ministerial é estreitamente ligada ao acompanhamento espiritual. "Por isso, cabe aos sacerdotes,

---

[94] Cf. CONGREGAÇÃO PARA O CLERO, Diretório para o ministério e a vida dos presbíteros *Dives Ecclesiae*, 31 de março de 1994.

como educadores da fé, cuidar por si ou por outros que cada fiel seja levado, no Espírito Santo, a cultivar a própria vocação segundo o Evangelho, a uma caridade sincera e operosa, e à liberdade com que Cristo nos libertou. De pouco servirão as cerimônias, embora belas, bem como as associações, embora florescentes, se não se ordenam a educar os homens a conseguir a maturidade cristã. Os presbíteros ajudá-los-ão a promoverem esta maturidade, para que até nos acontecimentos, grandes ou pequenos, consigam ver o que as coisas significam e qual é a vontade de Deus. Sejam ensinados também os cristãos a não viverem só para si, mas, segundo as exigências da nova lei da caridade, cada um, assim como recebeu a graça, a administre mutuamente, e assim todos cumpram cristãmente os seus deveres na comunidade humana".[95]

114. Quem aprecia verdadeiramente a direção espiritual não apenas a recomenda no próprio ministério, mas a pratica pessoalmente. Quando não se perde de vista o objetivo principal da direção (discernimento da vontade de Deus em todos os aspectos do caminho da santidade e apostolado), pode-se encontrar o modo justo de fazê-la e recebê-la habitualmente.

115. O convite a praticar a direção espiritual deveria ser um capítulo importante e permanente de qualquer plano de pastoral, que deve ser sempre e ao mesmo tempo pastoral da santificação e da missão. Os fiéis podem ser formados neste caminho com a pregação, a catequese, a confissão, a

---

[95] CONC. ECUM. VAT. II, Decr. *Presbyterorum Ordinis*, 6.

vida litúrgico-sacramental, especialmente na Eucaristia, os círculos bíblicos e grupos de oração, o testemunho do próprio ministro, que também pede conselho no devido tempo e nas circunstâncias oportunas. É lógico passar de alguns destes serviços ou ministérios ao encontro pessoal, ao convite para uma leitura espiritual, para os Retiros espirituais, estes também personalizados.

116. Frequentemente a direção espiritual como ministério está ligada à confissão, onde o sacerdote age em nome de Cristo e mostra uma atitude de pai, amigo, médico e guia espiritual. É o servidor do perdão e orienta o caminho da contemplação e da perfeição, com respeito e fidelidade ao Magistério e à tradição espiritual da Igreja.

A direção espiritual na vida consagrada

117. As pessoas consagradas, segundo sua diversa modalidade, seguem uma vida de radicalismo evangélico e "apostólico", chegando a "uma especial consagração",[96] "mediante a profissão dos conselhos evangélicos".[97] Na vida consagrada será preciso levar em consideração o carisma específico ("carisma fundacional") e a consagração especial (para a profissão), bem como as diversas modalidades de vida contemplativa, evangélica, comunitária e missionária, com as correspondentes Constituições, Regras etc.

---

[96] JOÃO PAULO II, Exort. ap. pós-sinodal *Vita consecrata* (25 de março de 1996), 2: *AAS* 88 (1996), 378.

[97] *Ibid.*, 30: *o.c.*, 403.

118. O percurso rumo à vida consagrada segue etapas que preveem uma preparação imediata e também para um longo termo, aprofundando a autenticidade da vocação com o suporte de convicções ou motivações evangélicas (que dissipam as dúvidas sobre a identidade), de decisões livres, sempre para alcançar a verdadeira idoneidade (conjunto de qualidades).

119. Existem problemas concretos que poderiam ser afrontados como de "crescimento" ou de "maturidade" se a pessoa consagrada dedicasse uma atenção mais assídua à direção espiritual: problemas que podem ser de solidão física ou moral, de insucessos (aparentes ou reais), de imaturidade afetiva, de amizade sincera, de liberdade interior na fidelidade à obediência, de aceitação serena do celibato como sinal de Cristo Esposo para a Igreja esposa etc.

120. A direção espiritual das *pessoas consagradas* apresenta aspectos peculiares, além dos já indicados anteriormente. O seguimento evangélico, a vida fraterna e a missão recebem impulso de um carisma particular, dentro de uma história da graça, com a profissão e o compromisso especial a ser a "visibilidade no meio do mundo" de Cristo casto, pobre e obediente[98] e a "memória viva da forma de existir e atuar de Jesus".[99]

A direção da pessoa que segue uma forma de vida consagrada pressupõe um caminho peculiar de contemplação, perfeição, comunhão (vida fraterna) e missão, que faz

---

[98] *Ibid.*, 1: *o.c.*, 377.
[99] *Ibid.*, 22: *o.c.*, 396.

parte da sacramentalidade da Igreja mistério, comunhão e missão. É necessário ajudar a que se receba e se viva o dom assim como é, pois se trata de "seguir a Cristo mais de perto [...] procurando alcançar a perfeição da caridade a serviço do Reino",[100] tendendo a um amor de totalidade, pessoal e esponsal, que torna possível "estar mais profundamente presente a seus contemporâneos, no coração de Cristo".[101]

121. Os sacerdotes que são convidados a prestar este serviço de acompanhamento espiritual saibam "que todos os religiosos, homens e mulheres, como porção eleita na casa do Senhor, são dignos de cuidado especial, para seu proveito espiritual em benefício de toda a Igreja".[102]

A direção espiritual dos leigos

122. A chamada universal à santidade, em qualquer concretização da vocação cristã, não sofre nenhuma redução, porque é sempre chamada à mesma perfeição: "Amai [...] sede perfeitos como vosso Pai celestial é perfeito" (Mt 5,44.48). A direção espiritual oferecida aos cristãos chamados à santidade enquanto leigos pressupõe a vocação cristã à perfeição, com a particularidade de ser fermento evangélico no mundo e de agir a partir da própria responsabilidade pessoal e em comunhão com a Igreja.[103] O diretor espiritual deve ajudar na relação pessoal com Deus (concretizar

---

[100] *Catecismo da Igreja Católica*, 916; cf. CIC, cân. 573.
[101] *Catecismo da Igreja Católica*, 932.
[102] CONC. ECUM. VAT. II, Decr. *Presbyterorum Ordinis*, 6.
[103] Cf. CONC. ECUM. VAT. II, Const. dogm. *Lumen gentium*, 31.

o modo de participação na Eucaristia e a oração, o exame de consciência e a unidade de vida), formar a consciência, ajudar na santificação da família, do trabalho e das relações sociais. "Trabalhar assim é oração. Estudar assim é oração. Investigar assim é oração. Não saímos nunca do mesmo: tudo é oração, tudo pode e deve levar-nos a Deus, alimentar este convívio contínuo com ele, da manhã até a noite. Todo trabalho honrado pode ser oração, e todo trabalho que for oração, é apostolado. Deste modo, a alma se enrijece numa unidade de vida simples e forte."[104]

Como recordava o Papa Bento XVI, todos os batizados são responsáveis pelo anúncio do Evangelho: "Os fiéis leigos são chamados a exercer a sua missão profética, que deriva diretamente do batismo, e testemunhar o Evangelho na vida diária onde quer que se encontrem".[105]

A direção ou aconselhamento espiritual dado aos leigos não quer indicar nenhuma carência ou imaturidade de sua parte, mas é sobretudo um auxílio fraterno (por parte do conselheiro) para que possam agir espiritual e apostolicamente, atuando — como autênticos discípulos de Cristo — nas realidades humanas do trabalho, da família, da sociedade política e econômica etc., para santificá-las a partir de dentro e levando sempre a própria responsabilidade e iniciativa.

123. A direção espiritual dos leigos tende, então, ao caminho da santidade e do apostolado sem reducionismos,

---

[104] SÃO JOSEMARÍA ESCRIVÁ, *É Cristo que passa*, 10.
[105] BENTO XVI, Exort. ap. pós-sinodal *Verbum Domini*, 94.

visto que estes não são apenas participantes do ofício sacerdotal, profético e real de Cristo, como qualquer batizado,[106] mas vivem esta realidade com uma graça especial de sua presença no mundo, que lhes dá "funções próprias e indispensáveis na missão da Igreja".[107]

Eles "são chamados por Deus para que, aí, exercendo o seu próprio ofício, guiados pelo espírito evangélico",[108] ajudem a "dilatar o reino de Deus e a informar e atuar com o espírito cristão a ordem temporal",[109] ou seja, para "iluminar e ordenar de tal modo as realidades temporais [...], que elas sejam sempre feitas segundo Cristo".[110] O acompanhamento espiritual levará, então, a que se tornem participantes da "própria missão salvadora da Igreja",[111] fazendo-a "presente e ativa no meio das coisas temporais".[112]

124. A ajuda do conselho espiritual é necessária tanto para a vida interior quanto nas diversas circunstâncias cotidianas: sociais, familiares e profissionais, sobretudo nos momentos da vida familiar e sociopolítica nos quais é necessário apresentar-se e testemunhar os critérios fundamentais da vida cristã. Também na vida mais atarefada de qualquer

---

[106] *Ibid.*
[107] CONC. ECUM. VAT. II, Decr. *Apostolicam actuositatem*, 1.
[108] CONC. ECUM. VAT. II, Const. dogm. *Lumen gentium*, 31.
[109] CONC. ECUM. VAT. II, Decr. *Apostolicam actuositatem*, 4.
[110] CONC. ECUM. VAT. II, Const. dogm. *Lumen gentium*, 31.
[111] *Ibid.*, 33.
[112] CONC. ECUM. VAT. II, Decr. *Apostolicam actuositatem*, 29; cf. JOÃO PAULO II, Exort. ap. pós-sinodal *Christifi deles laici*, 7-8, 15, 25-27, 64: *o.c.*, 403-405, 413-416, 436442, 518-521.

apóstolo, se existe o desejo de santidade, é possível achar um espaço para o aconselhamento espiritual.

Harmonia entre os diversos níveis formativos no caminho da direção espiritual

125. O cristão é orientado em um caminho de configuração com Cristo. Pode-se falar de diversos níveis ou dimensões da formação: humana, espiritual, intelectual, profissional, pastoral. São aspectos que se integram e se harmonizam reciprocamente, na comunhão eclesial e em vista da missão. Trata-se sempre da pessoa como membro de uma comunidade humana e eclesial.

126. É preciso considerar de maneira justa a *dimensão ou nível humano*, pessoal e comunitário, visto que a pessoa humana precisa ser avaliada corretamente, ser amada e ser capaz de amar na verdade da entrega. Isto pressupõe um caminho de liberdade que se constrói à luz da comunhão com o Deus Amor, onde cada pessoa é uma relação de dom. A pessoa se constrói então em seus critérios objetivos, na escala autêntica de valores, nas motivações ordenadas ao amor, nas atitudes de relação e de serviço.

O aconselhamento espiritual inspira-se no mistério de Cristo, à luz do qual se decifra o mistério do homem.[113] A pessoa é educada a dar e a dar-se. Por isto, aprende a escutar, a estar juntamente com os demais, a compreender,

---

[113] Cf. CONC. ECUM. VAT. II, Const. past. *Gaudium et spes*, 22.

a acompanhar, a dialogar, a cooperar e a começar amizades sinceras.

Estas virtudes humanas do cristão são cultivadas à luz da fé, da esperança e da caridade, para pensar, estimar e amar como Cristo. Os textos do Concílio e do Magistério pós-conciliar convidam a esta formação "humana" que se concretiza na sensibilidade para a justiça e a paz, a harmonia na diferença, capacidade de iniciativa, admiração e abertura a novos valores, constância, fortaleza, disponibilidade para novos empreendimentos, fraternidade, sinceridade, acolhida, escuta, colaboração, zelo pelos relacionamentos humanos e pelas boas amizades.[114]

127. O caminho da vida espiritual, justamente porque é um caminho de busca e de vivência experiencial da verdade, do bem e da beleza, realiza-se na harmonia entre inteligência, vontade, memória e significados. Então, a formação exprime-se numa "certa estabilidade de ânimo, pela capacidade de tomar decisões ponderadas, e por um juízo reto sobre os homens e os acontecimentos".[115]

É um caminho que harmoniza o cumprimento do dever, o amor contemplativo, o estudo e a ação externa, como um processo necessário para a "unidade de vida" do apóstolo.

---

[114] Cf. CONC. ECUM. VAT. II, Decr. *Presbyterorum Ordinis*, 3; *Optatam totius*, 11; JOÃO PAULO II, Exort. ap. pós-sinodal *Pastores dabo vobis*, 43-44, 72: *o.c.*, 731-736, 783787; Diretório para o ministério e a vida dos *Dives Ecclesiae*, 76.

[115] CONC. ECUM. VAT. II, Decr. *Optatam totius*, 11.

O aconselhamento espiritual ajuda a conhecer e a superar a própria fragilidade, no campo das decisões, das lembranças, dos sentimentos e dos condicionamentos sociológicos, culturais e psicológicos.

128. A direção espiritual oferece um auxílio para programar melhor o tempo da oração, da vida familiar e comunitária, da dedicação aos filhos, ao trabalho e ao repouso, valorizando o silêncio interior e também exterior, e descobrindo o significado positivo das dificuldades e sofrimentos.

O acompanhamento a este nível humano e cristão pode responder a três perguntas: quem sou? (identidade), com quem estou? (relações), qual meu objetivo? (missão). Sob a ação da graça divina, critérios, desejos, motivações, valores e atitudes são informados pela fé, esperança e caridade, com as consequentes virtudes morais, ou seja, pela vida em Cristo. O ser humano-cristão educa-se para realizar-se amando na verdade de sua doação a Deus e aos irmãos.

Em todo este processo, é necessário considerar a relação entre a graça e a natureza (assim como na relação entre fé e razão), distinguindo e harmonizando, porque "a graça não destrói a natureza, antes, a aperfeiçoa".[116] Este é um tema de extrema importância no momento de concretizar algumas orientações e alguns meios que dizem respeito à psicologia e à diferença cultural, como também à diversidade dos carismas que se inserem nas diferentes circunstâncias humanas e, sobretudo, aos conteúdos da fé.

---

[116] SÃO TOMÁS DE AQUINO, *Summa Theologiae*, I, 1, 8 ad 2.

129. É necessário encontrar uma unidade entre natureza e graça, na qual esta última prevaleça, como participação na vida divina ou vida nova. "Um dos aspectos do espírito 'tecnicista' moderno é palpável na propensão a considerar os problemas e as moções ligados à vida interior somente do ponto de vista psicológico, chegando-se mesmo ao reducionismo neurológico. Assim esvazia-se a interioridade do homem e, progressivamente, vai-se perdendo a noção da consistência ontológica da alma humana, com as profundidades que os Santos souberam pôr a descoberto. *O problema do desenvolvimento está estritamente ligado também com a nossa concepção da alma do homem*, uma vez que o nosso eu acaba muitas vezes reduzido ao psíquico, e a saúde da alma é confundida com o bem-estar emotivo. Na base, estas reduções têm uma profunda incompreensão da vida espiritual e levam-nos a ignorar que o desenvolvimento do homem e dos povos depende verdadeiramente também da solução dos problemas de caráter espiritual."[117]

130. Tendo em vista a tipologia "clássica" seguida pelos Padres da Igreja, como aquela de Hipócrates, o conhecimento dos temperamentos e dos caráteres pode ser útil para orientar e moderar: a magnificência, para que não decaia no orgulho e na autossuficiência (temperamento colérico); a afabilidade, para que não se desvirtue na vaidade e na superficialidade (temperamento sanguíneo); a tendência à vida interior e à solidão, evitando o risco de se cair na passividade e no desencorajamento (temperamento

---

[117] BENTO XVI, Carta enc. *Caritas in veritate*, 76.

melancólico); e a perseverança e equanimidade, para que não se transformem em negligência (temperamento fleumático).

É neste nível ou dimensão humana que se apresenta o tema da "ajuda psicológica": "esse acompanhamento pode, em determinados casos e em condições bem precisas, ser ajudado, mas não substituído, por formas de análise ou de ajuda psicológica".[118] Para isto, podem-se consultar os documentos da Igreja que apresentam quais são as conveniências e as condições para que estes instrumentos humanos sejam utilizados de maneira justa.[119]

131. Como é lógico, a direção espiritual privilegia o *nível ou dimensão espiritual*, porque o aconselhamento destina-se principalmente a melhorar a fidelidade à própria vocação, o relacionamento com Deus (a oração e a contemplação), a santidade ou perfeição, a fraternidade ou a comunhão eclesial, e a disponibilidade para o apostolado. Por isto, o programa de vida espiritual deve ser pensado com base a um projeto (linhas de vida espiritual), com alguns objetivos proporcionados a nível de maturidade espiritual, a serem

---

[118] JOÃO PAULO II, Exort. ap. pós-sinodal *Pastores dabo vobis*, 40: o.c., 725.
[119] A propósito: CONGREGAÇÃO PARA A EDUCAÇÃO CATÓLICA, Orientações educativas para a formação ao celibato sacerdotal (11 de abril de 1974); Diretrizes sobre a formação dos seminaristas acerca dos problemas relativos ao matrimônio e à família (19 de março de 1995); Instrução acerca dos critérios de discernimento vocacional relativo às pessoas com tendências homossexuais, em vista de sua admissão ao Seminário e às Sagradas Ordens (4 de novembro de 2005): *AAS* 97 (2005), 1007-1013; Orientações para a utilização das competências psicológicas na admissão e na formação dos candidatos ao sacerdócio (29 de junho de 2008).

alcançados pela pessoa acompanhada, com os respectivos meios correspondentes.

132. A dimensão humano-cristã e espiritual deve alimentar-se com o estudo e a leitura. Poder-se-ia falar de uma *dimensão intelectual* ou *doutrinal* da direção espiritual. A formação intelectual (necessária para a vida espiritual) deve continuar e ser ampliada na vida, inspirando-se nos santos, nos autores espirituais e nos escritos clássicos de espiritualidade.

A direção espiritual, nesta dimensão intelectual ou doutrinal, orientada para o mistério de Cristo, anunciado, celebrado e vivido: para "o mistério de Cristo, que atinge toda a história do gênero humano, continuamente penetra a vida da Igreja e se atua principalmente pelo ministério sacerdotal".[120] A orientação cristológica da vida espiritual constitui a base mais idônea para um bom resultado na pregação (numa linha mais *querigmática*) e na condução para o caminho da contemplação, da caridade e do apostolado.

A direção espiritual, com esta dinâmica doutrinal, favorece o gosto pelo estudo individual e coletivo, além de incentivar a leitura assídua (individual e coletiva) dos grandes clássicos da espiritualidade de todos os tempos, do Oriente e do Ocidente.

133. No aconselhamento e acompanhamento espiritual está contido necessariamente o campo da dedicação apostólica. Examinem-se então as motivações, as preferências, a

---

[120] CONC. ECUM. VAT. II, Decr. *Optatam totius*, 14.

realidade concreta, o modo pelo qual o dirigido se demonstra mais disponível para o apostolado. A fidelidade ao Espírito Santo infunde "serena audácia, que os leva [os Apóstolos] a transmitir aos outros a sua experiência de Jesus e a esperança que os anima".[121] Somente com esta liberdade espiritual o apóstolo saberá enfrentar as dificuldades pessoais e ambientais de cada época.

A direção espiritual, nesta dimensão apostólica ou pastoral, abrange o modo de dar testemunho, de anunciar Cristo, de celebrar a liturgia, de servir-nos diversos campos da caridade.

Quando falta a direção espiritual para o caminho de perfeição ou na generosidade evangélica, será difícil que os planos pastorais incluam a orientação principal da própria pastoral, que é a de guiar as pessoas e a comunidade para a santidade ou a identificação com Cristo (cf. Cl 1,28; Gl 4,19).

134. O caminho da direção espiritual é de ajuda para fazer com que a formação teológica e pastoral seja relacional. Em qualquer tema doutrinal e prático, procura-se viver o encontro pessoal com Cristo (cf. Mc 3,13-14; Jo 1,39) e o seguimento evangélico (cf. Mt 4,19-22; Mc 10,21-31.38), em comunhão com os irmãos (cf. Lc 10,1; Jo 17,21-23), para partilhar e continuar a sua missão (cf. Jo 20,21). O serviço

---

[121] JOÃO PAULO II, Carta enc. *Redemptoris missio* (7 de dezembro de 1990), 24: *AAS* 83 (1991), 270-271.

da direção espiritual contribui para a formação pessoal e para a construção da Igreja de comunhão.[122]

---

[122] Sobre a direção espiritual, além dos documentos já citados, consulte-se: CONC. ECUM. VAT. II, Decr. *Presbyterorum Ordinis*, 9; 18; Decr. *Optatam totius* 3; 8; 19; JOÃO PAULO II, Exort. ap. pós-sinodal *Pastores dabo vobis*, 40; 50; 81: *o.c.*, 725, 747, 799800; Exort. ap. pós-sinodal *Vita consecrata*, 21; 67; 46: *o.c.*, 394-395, 442-443, 418-420; *CIC*, cc. 239; 246; *CCEO*, cân. 337-339; 346 § 2; CONGREGAÇÃO PARA O CLERO, Diretório para o ministério e a vida dos presbíteros *Dives Ecclesiae*, 39, 54, 85, 92; CONGREGAÇÃO PARA A EDUCAÇÃO CATÓLICA, *Ratio Fundamentalis Institutionis Sacerdotalis* (19 de março de 1985), 44-59; Carta circ. *sobre alguns aspectos mais urgentes da formação espiritual nos Seminários* (6 de janeiro de 1980); Diretrizes sobre a preparação dos educadores nos Seminários (4 de novembro de 1993), 55; 61 (diretor espiritual); CONGREGAÇÃO PARA OS INSTITUTOS DE VIDA CONSAGRADA E AS SOCIEDADES DE VIDA APOSTÓLICA, Diretrizes sobre a formação nos Institutos Religiosos *Potissimum Institutioni* (2 de fevereiro de 1990), 13; 63: *AAS* 82 (1990), 479; 509-510; *Instrução partir novamente de Cristo: um renovado empenho da vida consagrada no terceiro milênio* (19 de maio de 2002), 8; CONGREGAÇÃO PARA A EVANGELIZAÇÃO DOS POVOS, *Guia da Vida Pastoral para os Sacerdotes diocesanos nas Igrejas que dependem da Congregação para a Evangelização dos Povos* (1 de outubro de 1989), 19-33 (espiritualidade e vida sacerdotal).

Conclusão

"QUE CRISTO SEJA FORMADO EM VÓS" (GL 4,19)

135. Os *munera* sacerdotais, quando são exercitados com o espírito de Cristo, deixam no coração o fruto da "alegria pascal"[123] e da "alegria na esperança" (Rm 12,12). João Paulo II o recordava, ao comemorar o segundo centenário do nascimento do Santo Cura d'Ars: "Podeis estar sempre convencidos disto, amados Irmãos Sacerdotes: este ministério da misericórdia é um dos mais belos e dos mais consoladores. Permitir-vos-á esclarecer as consciências, dar-lhes o perdão e revigorá-las em nome do Senhor, ser para elas médico e conselheiro espiritual; ele continua a ser a insubstituível expressão e verificação do ministério sacerdotal".[124]

136. O ministério de ser "médico e conselheiro espiritual" não se trata apenas de perdoar os pecados, mas também de orientar a vida cristã a corresponder generosamente ao projeto do Deus Amor, e a generosidade com a qual o sacerdote responde a este objetivo facilita aquela

---

[123] CONC. ECUM. VAT. II, Decr. *Presbyterorum Ordinis*, 11.
[124] JOÃO PAULO II, *Carta aos sacerdotes por ocasião da Quinta-feira Santa de 1986*, 7: *o.c.*, 695.

florescência efetiva das graças que o Espírito Santo dá à sua Igreja em cada época. O Concílio Vaticano II o afirma, recordando que "este sagrado Concílio, para atingir os seus fins pastorais de renovação interna da Igreja, difusão do Evangelho em todo o mundo e diálogo com os homens do nosso tempo, exorta veementemente todos os sacerdotes a que, empregando todos os meios recomendados pela Igreja, se esforcem por atingir cada vez maior santidade, pela qual se tornem instrumentos mais aptos para o serviço de todo o Povo de Deus".[125]

Os *munera* profético, litúrgico e diaconal, exercitados com este espírito, farão com que os conteúdos das quatro Constituições do Concílio Vaticano II sejam aplicados em uma Igreja que, sendo "sacramento", ou seja, sinal transparente de Cristo (*Lumen Gentium*), é a Igreja da Palavra (*Dei Verbum*), do Mistério Pascal (*Sacrosanctum Concilium*), inserida no mundo e solidária com este (*Gaudium et Spes*), é *mistério de comunhão para a missão*.

Tudo isto implica, como sempre aconteceu nas atuações dos Concílios, o esforço dos batizados no caminho da santidade e do apostolado.

137. A pastoral da santidade, que se anuncia na pregação e se realiza de modo particular com o sacramento da reconciliação e com a direção espiritual, sempre em relação com a Eucaristia, se realiza sempre com o ministério sacerdotal. São necessários ministros que vivam alegremente este

---

[125] CONC. ECUM. VAT. II, Decr. *Presbyterorum Ordinis*, 12.

serviço, que produzirá certamente grandes frutos e dissipará dúvidas e hesitações.

138. Precisa-se infundir "ânimo" ou "espiritualidade" nos valores atuais do progresso e da técnica, como afirma o Papa Bento XVI: "Além do crescimento material, o desenvolvimento deve incluir o espiritual, porque a pessoa humana é 'um ser uno, composto de alma e corpo'. [...] Não há desenvolvimento pleno nem bem comum universal sem o bem espiritual e moral das pessoas, consideradas na sua totalidade de alma e corpo".[126]

A direção ou acompanhamento espiritual dos batizados é um itinerário entusiasmante, que estimula o próprio confessor ou diretor espiritual a viver alegremente o seu caminho de entrega ao Senhor. "Este requer olhos novos e um coração novo, capaz de superar a visão materialista dos acontecimentos humanos e entrever no desenvolvimento um 'mais além' que a técnica não pode dar. Por este caminho, será possível perseguir aquele desenvolvimento humano integral que tem o seu critério orientador na força propulsora da caridade na verdade."[127]

Então, os sacerdotes experimentarão que "no exercício da sua missão nunca estão sós",[128] sabendo que quem os envia, acompanha e espera é Cristo ressuscitado, que caminha com eles na "execução do plano salvador de Deus [...] que se vai realizando gradualmente [...] para a edificação

---

[126] BENTO XVI, Carta enc. *Caritas in veritate*, 76.
[127] *Ibid.*, 77.
[128] CONC. ECUM. VAT. II, Decr. *Presbyterorum Ordinis*, 22.

do corpo de Cristo, até que se complete a medida da sua idade".[129]

139. A perene reforma da vida da Igreja precisa do tom inequívoco da esperança. O crescimento das vocações sacerdotais, da vida consagrada e do compromisso eclesial dos leigos no caminho da santidade e do apostolado exige a renovação do ministério da reconciliação e da direção espiritual, exercitados com um entusiasmo motivado e com uma generosa entrega de si mesmo. É esta a "nova primavera" desejada por João Paulo II: "nunca como hoje se ofereceu à Igreja a possibilidade de, com o testemunho e a palavra, fazer chegar o Evangelho a todos os homens e a todos os povos. Vejo alvorecer uma nova época missionária, que se tornará dia radioso e rico de frutos, se todos os cristãos e, em particular, os missionários e as jovens Igrejas corresponderem generosa e santamente aos apelos e desafios do nosso tempo".[130]

140. As novas situações e as novas graças são um auspício de um novo fervor apostólico: "Como os Apóstolos depois da ascensão de Cristo, a Igreja deve reunir-se no Cenáculo 'com Maria, a Mãe de Jesus' (At 1,14), para implorar o Espírito e obter força e coragem para cumprir o mandato missionário. Também nós, bem mais do que os Apóstolos, temos necessidade de ser transformados e guiados pelo Espírito".[131] O ministério da reconciliação e o serviço da

---

[129] *Ibid.*
[130] JOÃO PAULO II, Carta enc. *Redemptoris missio*, 92: *o.c.*, 339.
[131] *Ibid.*

direção espiritual constituirão uma ajuda determinante neste processo constante de abertura e de fidelidade de toda a Igreja e, em particular, do sacerdócio ministerial à ação atual do Espírito Santo.

Vaticano, 9 de março de 2011.

Quarta-feira de Cinzas

Mauro Card. Piacenza
Prefeito

Celso Morga Iruzubieta
Arcebispo tit. de Alba Marítima
Secretário

ÍNDICE ANALÍTICO
(Os números se referem aos parágrafos do texto)

Absolvição dos pecados: 36-47.
Acolhida (v. misericórdia): 51-57; 109-113.
Aconselhamento espiritual (v. direção espiritual): 70-73.
Alegria: 7-8; 21-23.
Amor a Deus (v. caridade, misericórdia, perdão): 51-57.
Amor fraterno (v. caridade).
Apostolado: 133-140.
Apóstolo: 133-140.
Apóstolos: 9-11; 110-120.
Associações (v. comunidades eclesiais): 117-121.
Atualidade da direção espiritual: 64-76.
Atualidade do sacramento da penitência: 7-23; 61-63.
Batismo: 25-27; 32-35.
Bom Pastor: 28-31; 51-60; 111-116.
Caminho de oração: 81-83.
Caminho de perfeição (v. santidade): 28-31; 81-83; 87-97.
Caráter: 125-134.
Caridade: 64-65.
Caridade pastoral: 44-47; 51-56.
Casos especiais de direção espiritual: 87-97.
Catecismo da Igreja Católica (v. documentos da Igreja): 25-31; 39-43.
Celebração litúrgica do sacramento da penitência: 41-43.
Celebração pessoal e comunitária: 41-43.

Chamada à santidade: 28-31; 48-50; 87-97; 110-116; 122-124.

Código de Direito Canônico: 44-47; 58-59 (penitência); 87-97 (direção espiritual).

Comunhão eclesial (v. Igreja, comunidade, normas, vida comunitária): 70-73; 125-134.

Comunhão dos Santos: 9-11.

Comunidade eclesial (v. Igreja, vida comunitária): 14-18; 25-27; 36-42; 51-57; 74-76; 78-80.

Concílio Vaticano II (*passim*, nas citações dos documentos): Conclusão (síntese das Constituições).

Confessionário: 41-47.

Configuração a Cristo (v. imitação, santidade, seguimento evangélico): 48-50.

Confissão em relação à direção espiritual: 41-42; 74-76.

Confissão dos pecados: 25-27.

Consciência (v. exame de consciência): 14-18 (formação); 81-83.

Conselhos evangélicos: 117-121.

Contemplação (v. oração): 81-83.

Contrição, dor pelos pecados: 36-43.

Conversão: 12-13; 21-27.

Coração de Cristo: 22; 32; 61-63.

Cristo Sacerdote e Vítima: 61-63.

Cristo Bom Pastor: 28-31; 51-57; 110-116.

Cruz (v. mistério pascal): 87-97; 117-121.

Cura d'Ars: 1-6; 19-20; 28-35; 51-59; 74-76.

Deus Amor (v. amor a Deus, misericórdia): 21-23.

Dificuldades atuais: 61-63.
Direção espiritual: Itinerário histórico (64-65); atualidade e importância (6476); natureza e fundamento teológico (77); objetivo (78-80); terminologia: direção espiritual, aconselhamento espiritual, acompanhamento espiritual (77); ação do Espírito Santo, discernimento pessoal e comunitário do Espírito, oração ao Espírito Santo (66-73; 78-80; 98-100); buscar a vontade de Deus (78-80; 98-100); itinerário de oração e perfeição (81-83; 87-97; 125-134); chamada universal à santidade-perfeição da caridade (81-83); o diretor: qualidades (84-86); o dirigido: qualidades, docilidade, situações, liberdade de escolha (74-76; 110-116); sacerdote dirigido (74-76; 110116), ministério do sacerdote (70-73; 110-116), meio de santidade para o sacerdote (74-76); dirigir espiritualmente segundo as vocações (84-86): sacerdotes (110-121), vida consagrada (117-121), leigos (122-124); liberdade de escolha; níveis e dimensões: humana, espiritual, intelectual, apostólica (125-134); formação para dar e receber a direção espiritual (66-69); nos planos de pastoral (74-76); testemunho e ensinamento do Santo Cura d'Ars (74-76), documentos da Igreja (125-134). Ver outros aspectos nas vozes do presente vocabulário.
Direção espiritual em relação à confissão: 41-43; 70-76.
Direção espiritual por parte do sacerdote: 74-76.
Diretor espiritual, qualidade: 84-86.
Discípulo, discipulado: 106-109.
Discernimento do Espírito: 66-69; 78-80; 98-100.
Discernimento vocacional: 70-73.

Disponibilidade ministerial: 48-57.
Documentos da Igreja: Ver as notas bibliográficas, especialmente no final da primeira parte (61-63) e da segunda (125-134).
Dor pelos pecados (cf. contrição).
Doutrina social, progresso, desenvolvimento: 70-73; 135-140.
Equilíbrio entre a graça e a natureza humana (v. graça): 64-65;125-134.
Exame de consciência: 36-40; 87-97.
Exame particular: 106-109.
Exercícios Espirituais: 117-121.
Expiação: 36-40.
Espírito maligno: 78-80; 98-100.
Espírito Santo (v. discernimento): 36-40; 78-83; 98-100.
Espiritualidade: 125-134.
Espiritualidade da vida consagrada: 117-121.
Espiritualidade do laicato: 122-124.
Espiritualidade do sacerdote: 110-121.
Estados de vida: 84-86; 110-124.
Estudo (v. formação intelectual): 66-69.
Etapas da vida espiritual: 81-83; 87-97.
Eucaristia: 14-18.
Evangelização (v. apostolado, missão).
Família (v. matrimônio): 32-35. Ver a nota bibliográfica no final da primeira parte.
Fé: 9-11; 25-40.
Fenômenos extraordinários: 87-97.
Fidelidade a Cristo e à Igreja: 61-63.
Figuras sacerdotais, confessores: 14-15.

Formação inicial: 66-69.
Formação intelectual: 125-134.
Formação dos fiéis: 14-18; 58-59.
Formação dos ministros: 14-18; 58-59.
Formação espiritual: 66-69; 125-134.
Formação humana: 125-134.
Formação para a direção espiritual: 66-69.
Formação permanente: 66-69.
Graça: 32-35; 61-63; 64-65; 87-97; 125-134.
Glória de Deus (v. santidade, vontade de Deus).
História da direção espiritual: 64-65.
História da salvação (v. liturgia, mistério pascal, salvação).
Igreja (v. comunhão eclesial, comunidades eclesiais): 7-11; 14-18.
Itinerário de santidade, de vida espiritual: 28-31; 48-50; 87-97.
Justiça: 74-76.
Justificação (v. Graça).
Juventude: 74-76.
Leigos: 122-124.
Liberdade de escolha: 44-47; 74-76.
Liturgia: 41-43.
Magistério eclesiástico (v. documentos da Igreja).
Mansidão: 61-63.
Maria: Introdução; 1-6; 21-23; 60.
Matrimônio: 32-35 (ver a nota bibliográfica no final da primeira parte).
Ministério e direção espiritual: 70-73; 110-116.
Ministério, ministros da reconciliação (penitência): 24-63.
Misericórdia de Deus e da Igreja: 21-23; 58-60.

Missão (v. apostolado): 125-134.
Missão de Cristo prolongada na Igreja: 9-11.
Mistério pascal (celebração pascal, caminho de ressurreição): 9-11; 21-23.
Moral (v. virtudes): 61-63; 125-134.
Moral matrimonial (v. família, matrimônio).
Normas disciplinares do sacramento: 44-47.
Noviciados (v. formação inicial).
Oração: 81-83.
Pai (v. amor a Deus, Deus Amor, misericórdia, Pai-nosso): 25-27.
Pai-nosso: 32-35.
Pastoral: 7-8; 14-18.
Pastoral vocacional: 66-69.
Pastores (v. Bom Pastor, caridade pastoral): 14-18.
Paz (v. reconciliação): 14-18.
Pecado, sentido do pecado: 25-31; 35-40.
Penitência: 25-27; 41-43.
Penitente: 36-40.
Perdão: 25-27.
Perfeição cristã (v. caridade, santidade).
Plano de vida sacerdotal: 117-121.
Presbitério: 110-116.
Primeira comunhão e confissão: 28-31.
Propósitos: 41-43; 51-57; 87-97.
Prudência: 44-47.
Psicologia: 87-97; 125-134.
Qualidade do diretor espiritual: 101-105.
Qualidade do dirigido espiritual: 106-109.
Quaresma (v. penitência): 36-40.

Querigma: 9-11.
Radicalidade, radicalismo (v. seguimento evangélico).
Reconciliação: 12-18.
Redenção (v. cruz, mistério pascal, sangue): 9-11; 64-65.
Renovação pastoral: 7-8.
Reserva (segredo): 32-35.
Ressurreição (v. mistério pascal).
Ritual da Penitência: 41-47.
Sacerdote como penitente e como dirigido espiritual: 14-18; 74-76; 110-116.
Sacerdote diocesano: 110-121.
Sacerdote e vida consagrada: 117-121.
Sacerdócio ministerial: 110-121.
Sacramento da penitência: Instituição (9-11); natureza e fundamentos teológicos (24); missão de Cristo prolongada na Igreja (7-8); mistério de graça (1418); importância atual e necessidade (7-23); celebração pascal (25-27); frutos de santidade (25-35); ministro: confessor, atitudes, qualidade, acolhida, chamada à santidade, deveres, pai, mestre, juiz, médico, pastor (36-40); celebração: liturgia, atos do penitente e ministério do confessor (41-43); celebração pessoal e comunitária (41-47); penitente: tipos, situações, qualidade (32-40; 44-47); confissão dos pecados e contrição, dor pelos pecados (36-40); expiação e propósitos (24; 36-40); terminologia do sacramento: confissão, penitência, reconciliação (25-27); o sacerdote como penitente (14-18); dificuldades atuais (36-40); liberdade de escolha do confessor (44-47); orientações pastorais (58-59); ministério de misericórdia (21-23; 58-60); fidelidade

às normas disciplinares como expressões da caridade pastoral (44-47); acolhida paterna (51-57); testemunho e ensinamento do Santo Cura d'Ars (19-20; 51-59; 71-81); convite urgente à disponibilidade ministerial (48-57); documentos da Igreja (61-63); formação permanente do confessor e dos penitentes (58-59). Ver outros aspectos nas vozes do vocabulário presente.

Sacramento da penitência em relação à direção espiritual: 41-43; 70-76.

Sacrifício: 36-40.

Salvação, diálogo de salvação (v. graça): 110-116.

Sangue de Cristo: 9-11; 110-116.

Santidade: 28-31; 48-50; 87-97.

Santos Confessores: 14.

Santos e a direção espiritual: 64-65.

Seguimento evangélico: 110-124.

Seminário, seminaristas (v. formação inicial): 66-69; 87-97; 125-134.

Serviço (v. disponibilidade ministerial).

Sinais dos tempos: 98-100.

Situação atual: 7-23; 64-76.

Sofrimento: 125-134.

Temperamentos: 125-134.

Tentações (e espírito maligno): 98-100.

Teologia da perfeição (da espiritualidade): 66-69.

Terminologia sobre a direção espiritual: 64-65; 77.

Terminologia sobre o sacramento da penitência: 25-27.

Testemunho dos pastores: 14-18.

Trindade, vida trinitária: 12-13; 51-57.

Unidade da Igreja (v. reconciliação).

Unidade de vida: 110-121; 125-134.
Vaticano II (v. documentos da Igreja, citações dos documentos).
Vida Apostólica: 117-121.
Vida comunitária (v. comunidade eclesial): 74-76; 78-80; 87-97; 101-105; 117121; 125-134.
Vida consagrada: 117-121.
Vida espiritual (v. espiritualidade): 70-73; 81-83; 87-97.
Vida sacerdotal (cf. sacerdócio ministerial).
Virtudes: 110-134.
Virtudes humanas: 125-134.
Vocação: 70-73; 84-86.
Vontade de Deus: 78-80; 98-100.
Zelo apostólico (v. apostolado, disponibilidade ministerial)

Apêndice I

EXAME DE CONSCIÊNCIA PARA OS SACERDOTES

1. *"Santifico-me por eles para que também eles sejam santificados pela verdade"* (Jo 17,19)
   Proponho-me seriamente à santidade em meu ministério? Estou convencido de que a fecundidade do meu ministério sacerdotal vem de Deus e que, com a graça do Espírito Santo, devo identificar-me com Cristo e dar a minha vida pela salvação do mundo?

2. *"Isto é o meu Corpo"* (Mt 26,26)
   O Santo Sacrifício da Missa é o centro da minha vida interior? Preparo-me bem, celebro devotamente e, depois, me recolho em ação de graças? A Missa constitui o ponto de referência habitual em minha jornada para louvar a Deus, agradecê-lo pelos seus benefícios, recorrer à sua benevolência e reparar pelos meus pecados e pelos de todos os homens?

3. *"O zelo pela tua casa me devora"* (Jo 2,17)
   Celebro a Missa segundo os ritos e as normas estabelecidas, com autêntica motivação, com os livros litúrgicos aprovados? Estou atento às sagradas espécies conservadas no Sacrário, renovando-as periodicamente? Conservo os vasos sagrados com atenção? Uso digna-

mente todas as vestes sagradas previstas pela Igreja, tendo presente que atuo *in persona Christi Capitis*?

4. *"Permanecei em meu amor"* (Jo 15,9)
   Causa-me alegria permanecer diante de Jesus Cristo presente no Santíssimo Sacramento, em minha meditação e silenciosa adoração? Sou fiel à visita diária ao Santíssimo Sacramento? O meu tesouro é o Sacrário?

5. *"Explica-nos a parábola"* (Mt 13,36)
   Faço diariamente a minha meditação, com atenção e procurando superar qualquer tipo de distração que me separe de Deus, buscando a luz do Senhor, a quem sirvo? Medito assiduamente a Sagrada Escritura? Recito atentamente as minhas orações habituais?

6. *É necessário "orar sempre, sem desfalecer"* (Lc 18,1)
   Celebro cotidianamente a Liturgia das Horas integral, digna, atenta e devotamente? Sou fiel ao meu compromisso com Cristo nesta dimensão importante do meu ministério, orando em nome de toda a Igreja?

7. *"Vem e segue-me"* (Mt 19,21)
   Nosso Senhor Jesus Cristo é o verdadeiro amor da minha vida? Observo com alegria meu compromisso de amor a Deus na continência celibatária? Detive-me conscientemente em pensamentos, desejos ou atos impuros; tive conversas inconvenientes? Coloquei-me em ocasião próxima de pecado contra a castidade? Procuro guardar a vista? Fui imprudente ao tratar as diversas categorias de pessoas? A minha vida representa, para os fiéis, um testemunho do fato de que a pureza é possível, fecunda e alegre?

8. *"Quem tu és?"* (Jo 1,20)
   Encontro elementos de fraqueza, preguiça e fragilidade em minha conduta habitual? As minhas conversas estão de acordo com o sentido humano e sobrenatural que um sacerdote deve ter? Estou atento para que não se introduzam em minha vida elementos superficiais ou frívolos? Sou coerente, em todas as minhas ações, com a minha condição de sacerdote?
9. *"O Filho do homem não há onde repousar a cabeça"* (Mt 8,20)
   Amo a pobreza cristã? Coloco meu coração em Deus e sou desapegado, interiormente, de todo o resto? Estou disposto a renunciar, para melhor servir a Deus, às minhas comodidades atuais, aos meus projetos pessoais, aos meus afetos legítimos? Possuo coisas supérfluas, fiz gastos desnecessários ou me deixo levar pela ânsia do comodismo? Faço o possível para viver os momentos de repouso e de férias na presença de Deus, recordando que sou sacerdote sempre e em todo lugar, também nestes momentos?
10. *"Escondeste estas coisas aos sábios e entendidos e as revelaste aos pequenos"* (Mt 11,25)
    Existem em minha vida pecados de soberba: dificuldades interiores, suscetibilidade, irritação, resistência a perdoar, tendência ao desencorajamento etc.? Peço a Deus a virtude da humildade?
11. *"Imediatamente, saiu sangue e água"* (Jo 19,34)
    Tenho a convicção de que, ao agir "na pessoa de Cristo", sou diretamente envolvido no próprio Corpo de Cristo, a Igreja? Posso dizer sinceramente que amo a Igreja e que

sirvo com alegria ao seu crescimento, as suas causas, cada um de seus membros e toda a humanidade?

12. *"Tu és Pedro"* (Mt 16,18)
    Nihil sine episcopo — nada sem o bispo — dizia Santo Inácio de Antioquia: estas palavras são a base do meu ministério sacerdotal? Recebi docilmente as indicações, conselhos ou correções do meu Ordinário? Rezo especialmente pelo Santo Padre, em plena união com os seus ensinamentos e intenções?

13. *"Amai-vos uns aos outros"* (Jo 13,34)
    Tenho vivido com diligência a caridade ao tratar com os meus irmãos sacerdotes ou, ao contrário, desinteresso-me deles por egoísmo, apatia ou frieza? Tenho criticado os meus irmãos no sacerdócio? Tenho estado junto daqueles que sofrem pela enfermidade física ou pelas dores morais? Vivo a fraternidade a fim de que ninguém esteja só? Trato todos os meus irmãos sacerdotes e também os fiéis leigos com a mesma caridade e paciência de Cristo?

14. *"Eu sou o caminho, a verdade e a vida"* (Jo 14,6)
    Conheço profundamente os ensinamentos da Igreja? Assimilo-os e os transmito fielmente? Sou consciente de que ensinar o que não corresponde ao Magistério, solene ou ordinário, é um grave abuso, que causa dano às almas?

15. *"Vai e não tornes a pecar"* (Jo 8,11)
    O anúncio da Palavra de Deus leva os fiéis aos sacramentos. Confesso-me com regularidade e com frequência, de acordo com o meu estado e com as coisas santas que trato? Celebro generosamente o sacramento da reconciliação? Sou amplamente disponível à direção espiritual

dos fiéis, dedicando a isto um tempo específico? Preparo com desvelo a minha pregação e a minha catequese? Prego com zelo e com amor de Deus?

16. *"Chamou os que ele quis. E foram a ele"* (Mc 3,13)
Estou atento a descobrir os sinais das vocações ao sacerdócio e à vida consagrada? Preocupo-me em difundir entre todos os fiéis uma maior consciência da chamada universal à santidade? Peço aos fiéis que rezem pelas vocações e pela santificação do clero?

17. *"O Filho do homem não veio para ser servido, mas para servir"* (Mt 20,28)
Tenho procurado doar-me aos outros na vida de cada dia, servindo evangelicamente? Manifesto a caridade do Senhor através de minhas obras? Na cruz, vejo a presença de Jesus Cristo e o triunfo do amor? Dou ao meu dia a dia a marca do espírito de serviço? Considero o exercício da autoridade ligada ao ofício uma forma imprescindível de serviço?

18. *"Tenho sede"* (Jo 19,28)
Tenho efetivamente rezado e me sacrificado com generosidade pelas almas que Deus me confiou? Cumpro os meus deveres pastorais? Tenho solicitude pelas almas dos fiéis defuntos?

19. *"Eis o teu filho. Eis a tua mãe"* (Jo 19,26-27)
Acudo cheio de esperança à Santíssima Virgem Maria, Mãe dos sacerdotes, para amar e fazer com que amem mais ao seu Filho Jesus? Cultivo a piedade mariana? Reservo um espaço a cada dia para o Santo Rosário? Recorro à sua materna intercessão na luta contra o demônio, a concupiscência e o mundanismo?

20. "*Pai, em vossas mãos entrego o meu espírito*" (Lc 23,44)
Sou solícito em assistir e administrar os sacramentos aos moribundos? Considero a doutrina da Igreja sobre os Novíssimos em minha meditação pessoal, na catequese e na pregação ordinária? Peço a graça da perseverança final e convido os fiéis a fazerem o mesmo? Sufrago frequente e devotamente as almas dos fiéis defuntos?

Apêndice II
ORAÇÕES

Oração do sacerdote antes de ouvir confissões

Senhor, dai-me a sabedoria para que me assista quando estou no confessionário, a fim de que eu saiba julgar o vosso povo com justiça e os vossos pobres com juízo. Fazei com que eu use as chaves do Reino dos céus de modo que não abra a quem mereça estar fechado, e não feche a quem mereça que lhe esteja aberto. Fazei com que a minha intenção seja pura; o meu zelo, sincero; a minha caridade, paciente; e o meu trabalho, fecundo.

Que eu seja dócil mas não omisso, que a minha seriedade não seja severa, que eu não despreze o pobre nem adule o rico. Fazei com que eu seja amável para confortar os pecadores, prudente para interrogá-los e douto para instruí-los.

Eu vos suplico que me concedais a graça de ser capaz de afastá-los do mal, diligente para confirmá-los no bem; que, com a maturidade de minhas respostas e a retidão de meus conselhos, os ajude a ser melhores; que ilumine tudo que for obscuro, sendo sagaz nos temas complexos e vitorioso naqueles difíceis; que não me detenha em colóquios inúteis nem me deixe contaminar pelo que for corruptível; que, salvando os outros, não me perca. Amém.

Oratio sacerdotis antequam confessiones excipiat

Da mihi, Dómine, sédium tuárum assistrícem sapiéntiam, ut sciam iudicáre pópulum tuum in iustítia, et páuperes tuos in iudício. Fac me ita tractáre claves regni cælórum, ut nulli apériam, cui claudéndum sit, nulli claudam, cui aperiéndum. Sit inténtio mea pura, zelus meus sincérus, cáritas mea pátiens, labor meus fructuósus.

Sit in me lénitas non remíssa, aspéritas non sevéra; páuperem ne despíciam, díviti ne adúler. Fac me ad alliciéndos peccatóres suávem, ad interrogándos prudéntem, ad instruéndos perítum.

Tríbue, quæso, ad retrahéndos a malo sollértiam, ad confirmandos in bono sedulitátem, ad promovéndos ad melióra indústriam: in respónsis maturitátem, in consíliis rectitúdinem, in obscúris lumen, in impléxis sagacitátem, in árduis victóriam: inutílibus collóquiis ne detínear, pravis ne contáminer; álios salvem, me ipsum non perdam. Amen.

Oração do sacerdote depois de ter ouvido confissões

Senhor Jesus Cristo, que amais e santificais as almas com dulçor, venho suplicar-vos: purificai meu coração, com a efusão do Espírito Santo, de todo sentimento ou pensamento desordenado; e dignai-vos suprir, com a vossa infinita piedade e misericórdia, tudo o que, por causa de minha ignorância ou negligência, for causa de pecado em meu ministério. Confio às vossas amabilíssimas chagas todas as almas que conduzistes à penitência e que santificastes com o vosso preciosíssimo Sangue, para que guardeis a todas em vosso temor, as conserveis em vosso amor, sustentando-as a cada dia e fazendo-as crescer em virtude, e as conduzais à vida eterna. Vós que viveis e reinais com o Pai e o Espírito Santo, por todos os séculos dos séculos. Amém.

Senhor Jesus Cristo, Filho do Deus vivo, recebei este meu ministério como um obséquio pelo digníssimo amor pelo qual absolvestes santa Maria Madalena e todos os pecadores que recorreram a vós, dignai-vos suprir e reparar de modo conveniente tudo o que eu tiver feito de maneira negligente ou pouco digna na celebração deste sacramento. Confio ao teu dulcíssimo coração todos e cada um daqueles que confessei e vos rogo que os guardeis, preserveis de qualquer reincidência no pecado e conduzais, após as misérias desta vida, às alegrias eternas. Amém.

Oratio sacerdotis postquam confessiones exceperit

Dómine Iesu Christe, dulcis amátor et sanctificátor animárum, purífica, óbsecro, per infusiónem Sancti Spíritus cor meum ab omni affectióne et cogitatióne vitiósa, et quidquid a me in meo múnere sive per neglegéntiam, sive per ignorántiam peccátum est, tua infiníta pietáte et misericórdia supplére dignéris. Comméndo in tuis amabilíssimis vulnéribus omnes ánimas, quas ad pœniténtiam traxísti, et tuo pretiosíssimo Sánguine sanctificásti, ut eas a peccátis ómnibus custódias et in tuo timóre et amóre consérves, in virtútibus in dies magis promóveas, atque ad vitam perdúcas ætérnam: Qui cum Patre et Spíritu Sancto vivis et regnas in sǽcula sæculórum. Amen.

Dómine Iesu Christe, Fili Dei vivi, súscipe hoc obséquii mei ministérium in amóre illo superdigníssimo, quo beátam Maríam Magdalénam omnésque ad te confugiéntes peccatóres absolvísti, et quidquid in sacraménti huius administratione neglegénter minúsque digne perféci, tu per te supplére et satisfácere dignéris. Omnes et síngulos, qui mihi modo conféssi sunt, comméndo dulcíssimo Cordi tuo rogans, ut eósdem custódias et a recidíva præsérves atque post huius vitæ misériam mecum ad gáudia perdúcas ætérna. Amen.

SUMÁRIO

Apresentação 5

Introdução 9

I – O ministério da penitência e da reconciliação
na perspectiva da santidade cristã 15

II – O ministério da direção espiritual 45

Conclusão 83

Índice analítico 89

Apêndice I – Exame de consciência para
os sacerdotes 99

Apêndice II – Orações 105